JORGE NEGRETE

JORGE NEGRETE

por José Alejandro Torres

Grupo Editorial Tomo, S.A. de C.V.
Nicolás San Juan 1043
03100 México, D.F.

1a. edición, junio 2004.

Nicolás San Juan 1043, Col. Del Valle
03100 México, D.F.
Tels. 5575-6615, 5575-8701 y 5575-0186
Fax. 5575-6695
http://www.grupotomo.com.mx
ISBN: 970-666-980-9
Miembro de la Cámara Nacional
de la Industria Editorial No 2961

Proyecto: José Alejandro Torres
Diseño de Portada: Trilce Romero
Formación Tipográfica: Servicios Editoriales Aguirre, S.C.
Supervisor de producción: Leonardo Figueroa

Impreso en México - *Printed in Mexico*

Contenido

Prólogo

Por su cultura, su noción de la historia y su concepto del artista, Jorge Negrete es la antítesis de la estrella improvisada. El barítono a quien dedicamos esta biografía, antes de pisar los escenarios o de pretender ser el gran cantante, debió instruirse en la música clásica y aprender cinco idiomas para interpretar las óperas de Bizet, Wagner y otros.

Es fácil imaginar su burla altiva si contemplara uno de esos *shows* de nuestros tiempos, donde se fabrican "estrellitas" de la noche a la mañana.

En vida, Jorge acostumbraba criticar a sus compañeros. Quizá por ello haya ganado los calificativos de "arbitrario" o "preciosista". Aun de su carácter siempre se ha dicho que era arrogante, orgulloso y hasta grosero.

Claro, algunos de sus contemporáneos preferían navegar con la cómoda pose del populismo y la simpatía. La honestidad de Jorge fue lo que tantas veces truncó su éxito al principio de su carrera y al final de su vida, lo que dejó en la premura a su familia.

Negrete fue una persona que pasó la mayor parte de su carrera enfermo, pero esta falta de armonía física no contagiaba ni su voz ni sus actuaciones. Al final, su optimismo rebasó los límites de lo humano, tanto, que le hizo olvidar su grave estado de salud.

Por mantener la firmeza y sobriedad en su vida, Negrete evitó la embriaguez alcohólica. Incluso, se atrevió a censurar a su compañero de mil batallas,"El chicote", quien era aficionado a las bebidas espirituosas. Negrete predijo que el cómico moriría de "cirrosis", pero ésta fue precisamente la enfermedad que exterminó al ídolo de Latinoamérica. Paradoja más grande. "El Chicote" seguiría bebiendo hasta la vejez, mientras los aniversarios luctuosos del "charro-cantor" se festejaban año tras año.

La mayoría de comentaristas de Jorge Negrete, discuten qué tanto tuvo que ver con la fabricación del macho valentón y mujeriego. Muy poco, nos atrevemos a responder. El barítono fue sólo la materialización de una figura comercial que se explotó al máximo en la época dorada de nuestro cine. A decir verdad, Negrete no comulgaba con la imagen del charro.

Más de medio siglo ha pasado después de su desaparición. El barítono es recordado en nuestro país tanto como en Argentina, Chile, España o Cuba. Un reto que Jorge dejó a sus descendientes artísticos. Quizás algunas figuras de nuestro país puedan jactarse de lo mismo, pero ¿por cuánto tiempo?

José Alejandro Torres

Yo soy mexicano

Una foto tomada en el Colegio Militar, en los años veinte, nos muestra a un grupo de jóvenes que están alineados de la siguiente manera: en primer plano, 10 adolescentes saludando a la cámara, sentados en el piso y en desorden; de pie, un grupo de mayor edad que comparte abrazos y sonrisas; en el fondo y como punto de equilibrio, un anónimo pistola en mano, cuyo perfil recuerda un cuanto a Benito Moussolini; en el margen izquierdo de la foto, aparece un joven bien aliñado, erguido y que mira sin parpadear a la cámara. Debajo de su nariz está naciendo el camino del bigote y su frente es cuadrada tanto, como su mentón.

Este último personaje había aparecido años antes en una foto de la primaria. Casi no se le nota, pues la toma es acaparada por un niño "bastante desarrollado" al centro y por otro, arriba a su izquierda, quien seguramente no conoce a Manuel I. Altamirano, pero asume la pose que inmortalizó a este escritor.

El niño que nos interesa es Jorge Negrete, a los 11 años. Tiene las cejas muy pequeñas y el torso bien erguido. Seguramente su padre, teniente durante los años del porfiriato, le había inculcado mantener firme su posición corporal, costumbre que Negrete trasladaría a su carácter.

El que años después se convertiría en el "charro-cantor", ídolo de multitudes y delirio de las mujeres que llenaban las salas de cine con la esperanza de conmoverse ante un nuevo melodrama, nació el 30 de noviembre de 1911, en la capital de Guanajuato.

La familia Negrete; Jorge es el primero a la izquierda.

Es casi del dominio público los orígenes de Jorge Bueno, como se le llamaría a raíz de la película *Dos tipos de cuidado*. Era descendiente de aristócratas latifundistas, propietarios de haciendas y por defecto inevitable, integrantes de un sistema que acaparó la vida de nuestro país en la segunda mitad del siglo XIX e inicios del XX: el porfiriato.

La familia del que años más tarde habría de convertirse en el máximo ídolo de América Latina, tiene antecedentes militares de gran tradición hasta donde ha sido posible investigar. El apellido del afamado artista mexicano se remonta a una tribu de moros blancos que residían en Andalucía, los cuales pelearon al servicio del Rey Carlos V contra los ejércitos de Francisco I. La indómita bravura de un grupo de hermanos motivó a que Carlos V, para distinguirlos de los demás guerreros, los llamara "Negretes".

Los ilustres antecesores del charro-cantor por la línea materna, son los generales Pedro María Anaya y Pedro Moreno. El primero, autor de la histórica frase dicha a los invasores norteamericanos mientras defendía la plaza de Churubusco: "*Si tuviéramos parque no estarían ustedes aquí.*"

La familia de Jorge disfrutó la bonanza en los tiempos de Porfirio Díaz. Sin embargo, con la llegada de la Revolución, la decadencia abrumó a todos aquellos que de alguna u otra forma pertenecían al régimen. De ahí que: "todo enemigo de los revolucionarios era enemigo de la libertad y los ideales zapatistas." Eso incluía al Tte. David Negrete, a su esposa Emilia Moreno, y por supuesto, a sus hijos.

El Tte. Negrete fue comisionado para perseguir a los revolucionarios por todo el país, por ello no debe extrañar que cada uno de sus hijos naciera en lugares diferentes. David, el mayor, vio la luz en Silao; Jorge, como informamos, en Guanajuato, mientras que Consuelo lo hizo en San Luis Potosí.

La tensa situación, las constantes batallas y la amenaza de aquellos hombres que deseaban la democracia, y el respeto del campesinado era inminente. Pero dentro de la familia Negrete crecería un niño que por su espíritu podría emparentarse con los enemigos de su padre.

La vida, a pesar de la guerra, debía seguir su curso. Al tiempo que el Tte. Negrete participaba en diversas escaramuzas, sus hijos asistían a la escuela. El caso de Jorge era muy especial. Se cuenta que su carácter era bastante difícil. En la escuela primaria tenía fama de "broncudo" y en el hogar luchaba contra la menor injusticia o imposición, aunque ésta proviniese de sus padres. En una ocasión su hermano David fue amarrado a la base de la cama como castigo a una de sus travesuras. Jorge, al notar el sufrimiento de su hermano, se le acercó para sugerirle:

"¿Por qué no te desatas? No te dejes. Rezóngale a mamá."

La tregua entre rebeldes y oficiales del gobierno llegó, y el Tte. Negrete pudo dedicarle más tiempo a su familia. Pero tenía que enfrentarse a ese pequeño rebelde que tenía en casa. En cierta ocasión, el infante rebasó los tiempos permitidos para sus juegos en la calle. El Tte. Negrete debió reclamarle:

"Esto no es un hotel y yo no soy tu criado para levantarme a estas horas."

A lo que Jorge, sereno pero decidido, respondió:

"Pues todo se solucionaría si yo tuviese una llave."

Pero no era la discordia lo que dominaba el ambiente de aquel hogar, sino las arias que la familia Negrete tocaba en el fonógrafo. La pareja, David y Emilia, disfrutaban la música clásica, lo mismo que las óperas. Por si fuera poco, el Tte. David tocaba con gracia la vihuela y la guitarra. Él, sin mayores esfuerzos, enseñó sus primeras canciones a Jorge, quien entonces se olvidaba de la rebeldía, pues aquello sí le era del todo grato. Canciones de esos tiempos como *Ojos tapatíos, La negra noche* y *El adiós del soldado,* eran parte del repertorio que el menor interpretaba en la sala de la casa.

En 1920, después de los golpes que dieran fin al gobierno carrancista, la familia Negrete se trasladó a la ciudad de México.

Los tiempos de guerra habían pasado. El Tte. Negrete se mostraba un cuanto cansado de luchar y ver correr la sangre de sus compatriotas, así es que aceptó una plaza de maestro en el Colegio Alemán. Esto no debe extrañarnos, pues el patriarca era afecto a las letras y a la historia.

Como profesor era severo, persistente y muy claro; apto para un colegio tan renombrado como el que le dio cabida. Su alumno más destacado fue el propio Jorge, quien debió soportar las exigencias del profesor David. Se habla de que en menos de lo establecido, el pequeño Jorge aprendió el idioma alemán.

Por supuesto, la severidad que se aplicaba tanto en casa como en la escuela por la misma persona, tuvieron sus efectos nocivos. Jorgito superó con buenas calificaciones y comportamiento la primaria, pero en cuanto salió de ella y entró a la adolescencia, su carácter rebelde llegó hasta sus máximas consecuencias.

Cansado de la disciplina se entregó al libertinaje. A esto ayudó su ingreso a la escuela preparatoria ("la perrera", como le llamaban en aquel entonces). El cigarrillo, el billar y los camaradas eran su pasatiempo, o mejor dicho, su oficio. Quedó enterrado el niño estudioso para liberar al joven ocioso y pícaro.

Pero la rectitud, aquella que podía comprobarse con sólo mirar la postura del muchacho, era su insignia. En cierta ocasión un profesor de la preparatoria, amigo del Tte. David, sorprendió a Jorge saliendo de un billar, rodeado por sus amigos cotidianos. Jorge, que además era muy despierto, se enteró de que el maestro lo había observado. Reflexionó acerca de que sería peor: que el profesor llevara la noticia al Tte. David, o que él mismo se revelara como un vago. Así es que con mucho valor y honestidad decidió confesarse:

"Estoy perdiendo el tiempo, papá. Hace tres meses que no voy a clases por andar de vago con mis amigos. El otro día me vio salir del billar el profesor Osorio. Te lo va a venir a decir, así es que mejor entérate de una vez."

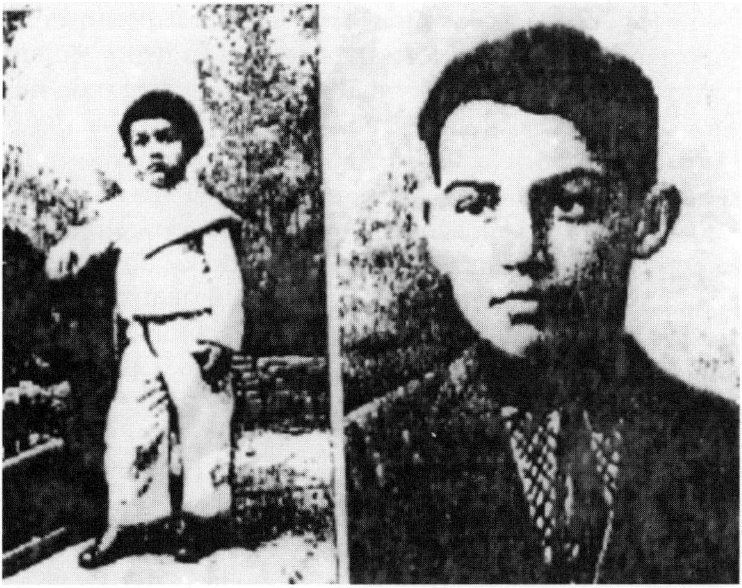

Los primeros años de Jorge Negrete.

"Menos mal que eres honesto", contestó el Tte., enojado pero orgulloso de que su hijo tuviera tantos pantalones. En el colmo de la rectitud y la contrición, Jorge le sugirió al teniente que le recluyera en un internado.

Al negarse el patriarca, Jorge pensó que otro castigo ejemplar podría ser enrolarse en el ejército.

Pero el teniente conocía la disciplina militar, y no deseaba que Jorge sufriera lo mismo que él, así es que trató de disuadirlo. El joven no sólo quería estar en el ejército para autoflagelarse, sino que sentía cierta afección por la carrera militar, y como todo adolescente, deseaba ser un héroe.

Como veremos a lo largo de esta biografía, cuando Jorge tomaba una decisión, nada, ni siquiera la enfermedad lo podía detener; así es que en pocos meses se vio reclutado en el Colegio Militar. Las instalaciones de Popotla debieron abrirse para ese muchacho que apenas llegaba a los 13 años.

En ese lugar debió librar sus propias batallas. Se rebeló ante los maltratos de los muchachos más grandes y fuertes, y ante los excesos de los superiores. Como resultado, debió soportar el encierro en los calabozos del Colegio. Sin embargo, su personalidad combativa atrajo el afecto de muchos compañeros, algunos que nunca pasaron de soldados rasos, pero otros de la talla de Manuel Ávila Camacho (quien sería Presidente de México en el periodo 1938-1944) y de Maximino Ávila Camacho, quien sería uno de los personajes más terribles y folclóricos del siglo XX.

Cuando ocasionalmente había festejos dentro del Colegio, Jorge Negrete era animado por sus compañeros para entonar las canciones populares de la época. Desde entonces Jorge aceptaba a regañadientes, pues como buen hijo de aristócratas le parecía innoble rebajarse a la calidad del pueblo y a sus gustos. Con todo, cantaba dos o tres temas del momento y el éxito era indudable, tanto, que los jovencillos enamorados lo convencían para llevarle serenatas a sus novias. Esto, ser un hábil jinete, un buen pugilista y un excelente tirador eran sus mayores cualidades dentro del Colegio

Militar. No es una casualidad que en 1928 le hayan nombrado subteniente y que lo hayan comisionado al Hospital Militar de Puebla.

Pero faltaba el encuentro con el crudelísimo mundo de la guerra. Esta temible oportunidad llegó cuando los escobaristas iniciaron su lucha en Coahuila. Recordemos: el general González Escobar era uno de los mayores enemigos del entonces Presidente Plutarco Elías Calles. El general calificaba al fundador del PNR (Partido Nacional Revolucionario) de asesino y dictador. González Escobar convocó a una nueva rebelión, la cual fue apoyada por 30 mil hombres armados.

Las batallas resultaron sangrientas, y tanto el parque como los efectivos fueron insuficientes. Era inevitable llamar a los más jóvenes, y entre ellos estaba incluido el joven Negrete. Allí nuestro personaje comprobó que las batallas, las emboscadas y las muertes no eran un juego, y que el atuendo militar no servía sólo para presumir, sino que era necesario asesinar. Una escaramuza que tuvo como resultado más de 1,000 hombres muertos, fue suficiente para que Jorge reflexionara acerca de su vocación.

El militar Negrete.

Lo que más le conmovió, fue el sufrimiento de los que agonizaban, de los lisiados, de los más jóvenes, y por supuesto, de los que alguna vez fueron sus amigos. Seguramente esto lo llevó a preferir la medicina militar que el combate cuerpo a cuerpo. Sólo que esta carrera tenía muy poco que ver con el destino de Jorge. Así le fue demostrado, cuando a pesar de sus exhaustivos intentos por matricularse en la Escuela Médico Militar, fue rechazado. El principal obstáculo para estudiar en el extranjero o en una escuela particular, era la situación económica por la que atravesaba tanto su familia como él.

Sin dinero, con temor a morir en otra batalla e impedido para cursar la carrera que él creía suya, Jorge se dedicó de nuevo a la vagancia. Entonces no era el billar el refugio de su ocio, sino las muchachas de su edad.

Esta nueva "afición" llevó a Jorge al mundo de la farándula, sin que lo imaginara. Se cuenta que mientras caminaba por una de las calles de nuestra ciudad, una muchacha cruzó su camino con el del joven Negrete. Jorge no se conformó con admirarla, sino que la siguió con mucho cuidado. La anónima dio vuelta en una esquina y desapareció. Negrete que era pertinaz y enamoradizo, no resistió las ganas de tocar la puerta de la casa, en donde él suponía había entrado la muchacha. Tomó la aldaba y tocó dos o tres veces. De pronto, un hombre calvo y de baja estatura abrió la puerta. El desconocido preguntó por qué había sido interrumpido mientras impartía su clase de canto. Jorge que tenía facilidad para improvisar, le contestó que había tocado la puerta para tomar una clase con un maestro tan reconocido (al que por supuesto ni siquiera conocía).

El maestro en cuestión era José Pierson, gran formador de cantantes como José Mojica, Juan Arvizu y Pedro Vargas. Ignoramos qué hizo Jorge para costear sus clases, pero su estancia con el maestro Pierson duró varios años. El maestro José era un amante del preciosismo musical, y por lo tanto, un enemigo de las composiciones ordinarias y comerciales. Al escuchar la voz de Negrete, sin duda que cobró conciencia de lo que podía hacerse con ese muchacho, así es que se enfocó en instruirlo con las arias romanzas y serenatas más exquisitas.

Pero Jorge no era para unos cuantos. Tanto sus amigos como sus novias se cansaban de persuadirlo de interpretar los éxitos de la época.

Un 15 de septiembre, en la casa de Judit, la entonces novia de Jorge, el cantante con futuro promisorio, se animó a entonar un par de canciones populares. Quizá no estaba convencido de hacer lo mejor según sus convicciones y las recomendaciones de su maestro, pero lo cierto es que su excelente voz logró convencer a los asistentes. Además, entre los que participaron en aquella fiesta patria, se encontraba el dueño de los almacenes Centro Mercantil, quien era patrocinador de algunos programas en la radio. Sin dudarlo se acercó a Jorge para proponerle un pequeño espacio en la XETR. La necesidad, uno de los principales factores que hizo de Negrete toda una estrella, le orillaron a aceptar la invitación.

Pero Jorge tenía muy bien inculcados los criterios musicales de su maestro, y además su pasado aristócrata no dejaba de exigirle el rechazo a lo popular. Por ello, prefería cantar arias, romanzas y serenatas ante los micrófonos y esto, obviamente, le trajo la antipatía cuando no el rechazo de los radioescuchas. Con todo, el joven Negrete fue retenido por la radiodifusora. Los directivos de la estación creían en su talento, aunque no lo remuneraban como lo merecía. Lo peor fue que en pocos meses la XETR desapareció, y con ello, el pequeño salario de $35 semanales con los cuales Jorge se alimentaba y ayudaba a su familia.

A Emilio Azcárraga, la historia le ha hecho más que justicia. Se asegura de que sin él, los medios masivos jamás habrían llegado a las magnitudes que conocemos; pero también se rumora que era un hombre accesible, que gustaba de darle la oportunidad a cuanta persona tuviese talento para cantar. Jorge Negrete fue uno de tantos que llegaron a la XEW para pedir una audición con el magnate. Sin pensarlo mucho, Azcárraga decidió agregar a su lista de cantantes a ese joven de voz señorial.

La necesidad y el deseo de que la experiencia en la XETR no se repitiera, hizo que Jorge cambiara su repertorio. Entonces las letras de María Greever o Lerdo de Tejada fueron entonadas por aquella voz que estaba muy cerca de escucharse en el máximo auditorio para la música en nuestro país.

Pero el fantasma del maestro Pierson no dejaba de aparecerse de vez en cuando. En una ocasión, el reconocido formador de cantantes le dio una gran noticia a Jorge: tendría la oportunidad de presentarse en la ópera *La verdad sospechosa*. El escenario, nada menos que Bellas Artes.

Esta obra fue una de las que inauguró el añejo inmueble construido en un principio por el régimen porfirista y terminado por los gobiernos postrevolucionarios.

Pero Bellas Artes sólo fue un hermoso espejismo. Jorge tuvo sus 15 minutos de gloria. El escaso público que asistía a las óperas se encargó de olvidar muy pronto a ese joven que sin duda prometía.

Una constante inevitable en los novatos intérpretes es la premura económica. Pueden cantar ante los micrófonos más prestigiados o pisar los grandes escenarios, pero siempre a cambio de lo que merecería un cantante callejero. Los $200 mensuales que Jorge ganaba en la XEW, eran apenas un poco más de lo que lograba en la XETR. Además, el vanidoso cantante debía cuidar su imagen: era imposible que se presentara en la radiodifusora sin un "frac" y sin oler a un buen perfume.

En muchas ocasiones Jorge debía ayunar, o de plano, quedarse sin comer. Su situación era penosa, pero como lo comprobaremos a través de esta biografía, Negrete siempre conservó su actitud orgullosa, su pose bien erguida y su carácter tan firme como su voz.

Cuando quiere un mexicano

A mediados de los años treinta, México era un país que apenas estaba tomando forma. La democracia era un sueño, tanto como la estabilidad económica. La "modernización" se hallaba a 20 años de distancia. La infraestructura privada y gubernamental era mínima. Bueno, ni siquiera existían estudios que pudieran grabar los éxitos populares; era necesario viajar a Estados Unidos, pues allí se ubicaban las grandes disqueras.

Hollywood era, desde entonces, la sede de la farándula mundial y de las oportunidades para los actores y actrices (incluso tercermundistas). Dolores del Río era un buen ejemplo de lo que podía lograr una latinoamericana en la "Meca del Cine". Para los cantantes de ópera no había otro lugar más envidiable que Nueva York. Mientras que en México quien deseara implantarse en los gustos populares, debía pasar por las carpas que visitaban las colonias más tradicionales de nuestra ciudad, o en el mejor de los casos, presentarse en teatros, como el Lírico.

Claro, Jorge no tenía la menor disposición para caer en el gusto del populacho. No era la gran estrella de la radio, pero había ganado cierto reconocimiento. Todo indica que Negrete era el primero en conocer los alcances de su voz. Barítono, atractivo y joven, Jorge se sabía capaz de todo, hasta de conquistar la "Urbe de Hierro". En poco tiempo la idea de viajar a Nueva York se convirtió en una obsesión.

Jorge era valiente, pero no suicida. Supo que acompañado por otra persona la soledad y la nostalgia se podían combatir mejor. Ramón Armengod, conocido como "el *chansonier* mexicano", oriundo de Veracruz y poseedor de una fina voz era, desde algunos años atrás, buen amigo de Jorge. Por ello, no fue difícil que este último convenciera al intérprete jarocho para compartir aquel sueño. Armengod sería una especie de escudero y, además, una muy buena voz que le haría "segunda".

Pedro Vargas, Emilio Tuero "El barítono de Argel", Chucho Martínez Gil y otros, aceptaron actuar gratis en el teatro Arbeu para costear el viaje de esos dos aventureros.

Armengod y Negrete solicitaron la ayuda económica de Emilio Azcárraga. Al final, tanto el público como el empresario respondieron. La entrada al teatro Arbeu fue generosa y Azcárrraga convino en pagar los boletos del tren.

Debe comprenderse que tanto por la distancia que separaba a la ciudad de México como por la lentitud del tren, se debían realizar múltiples escalas. La más importante de ellas fue en Monterrey. Allí tuvieron la oportunidad de cantar en la XEMR. Para su fortuna, el vicepresidente de la NBC, John F. Royal, se encontraba en el lugar. El empresario intuyó que Jorge y Ramón serían una muy buena mancuerna que se encargaría de cautivar al público hispano. Sin pensarlo dos veces, les ofreció al par de jóvenes cantantes la oportunidad de grabar una serie de programas radiofónicos, ¡en pleno Nueva York!

Siboney, Príncipe Vals, Adiós Mariquita Linda, entre otras antiguas canciones, conformaban el repertorio del dúo que, en cuanto arribó a la Urbe de Hierro, fue bautizado como "The Mexican Caballeros".

Pero los espejismos no habían terminado en la XEW y en el Palacio de Bellas Artes. Nueva York era un lugar para las estrellas, sí, pero había que trabajar y sufrir para consolidarse.

El sueldo de"The Mexican Caballeros" resultaba muy modesto, si tomamos en cuenta el costo de la vida en aquella ciudad que era la de moda. Sesenta dólares al mes para cada uno de ellos, servían apenas para el hospedaje en un hotel modesto de la zona y para alimentarse no muy bien.

En este punto, debemos aclarar que a Jorge, antes de partir de nuestro país, se le habían ofrecido oportunidades para debutar en cine. El director, Ramón Peón, se había sentido atraído por la personalidad del cantante. El protagonista de su proyecto *Celos*, debía combinar una excelente voz, con una actitud conquistadora y un carácter valiente. Pero por alguna razón Negrete se negó a filmar *Celos*. Curiosamente, Arturo de Córdova, aceptaría el papel y con ello ingresaría al cine mexicano.

Cuando la premura económica era sinónimo de "The Mexican Caballeros", a Nueva York llegó un mensaje que bien podría calificarse de milagroso. Desde los estudios Orbe Films, había partido un telegrama en el cual Gonzalo Varela, productor, ofrecía a Jorge un papel estelar. En ese documento se detallaban las intenciones del filme, cuyo nombre era *La madrina del diablo*. Jorge, al leer la frase "pa-

Cartel promocional de "La Madrina del Diablo".

pel protagónico" no dudó en retornar a nuestro país (por supuesto con la convicción de regresar a Nueva York en cuanto terminase ese nuevo compromiso).

La película no rebasó los límites de la mediocridad. El personaje que Negrete interpretó fue el de un bandido justiciero, cuyo traje de chinaco le daba una apariencia por demás pasada de moda. Aunque el bigote poblaba muy bien su labio superior, no hubo respuesta entre las mujeres cinéfilas. Sin embargo, Jorge se vio envuelto en un breve romance con su coprotagonista, la actriz María Fernanda Ibáñez, hija de Sara García. Pero este romance fue frustrado por la mismísima "abuelita del cine nacional", quien por todos los medios logró separar a la pareja de jóvenes actores.

De regreso a Nueva York, Jorge fue recibido con la noticia de que había sido invitado para audicionar en el Metropolitan Opera House, ¡todo un sueño! Lawrence Mervil Tibbet fue el encargado de la audición. Al finalizar la misma, el representante de la ópera neoyorkina se acercó a Jorge para proponerle un puesto como tenor suplente de la compañía. Entonces el orgullo de Negrete se impuso. Definitivamente se negó, pues él "no era suplente de nadie".

Es difícil responsabilizar a una persona de su propia muerte, pero hay seres que se afanan en llevar hasta sus últimas consecuencias las convicciones y el orgullo. En el mismo año en que Jorge rechazó la gran oportunidad de formar parte del elenco más reconocido en el mundo de la ópera, enfermó de hepatitis. Debe causar terror a cualquiera encontrarse en un país extraño, con un sueldo miserable y además, acogido por una enfermedad postrante, pero Jorge sólo pensaba en los escenarios y en la gran oportunidad para volverse una estrella; además, se negaba a pedir ayuda a su familia en México. Él había llegado a Nueva York a triunfar, no a causar lástimas.

Ramón Armengod y Chucho Martínez Gil (quienes vivían en la gran urbe desde unos meses antes) se encargaron de cuidar al enfermo. Era tanta la premura, que el trío de compañeros ni siquiera pudo costear un hospital decente donde se atendiera al enfermo. Jorge no tuvo inconveniente en imaginarse su cuarto de hotel como un sanatorio. Esto traería resultados funestos con el tiempo.

Ramón Armengod no resistió la tentación de regresar a nuestro país, pues se le habían ofrecido nuevas oportunidades. Una decisión, sin duda, cruel. Para fortuna de Jorge, Chucho Martínez Gil siempre se mantuvo a su lado, haciendo la labor de una enfermera.

La gente que conoció al barítono, coincide en que su voluntad era indestructible. No importaba que el panorama pareciese oscuro o que su cuerpo apenas respondiera, Jorge siempre se levantaba de la cama en cuanto sentía cierto alivio. Quizá nunca se imaginó que salir de su cuarto de hotel en tan poco tiempo le costara tan caro.

En cuanto experimentó una ligera mejoría, Jorge volvió a los escenarios. El "Yumurí", un centro nocturno de media monta, abrió las puertas para el convaleciente cantante que a veces debía fungir como animador o maestro de ceremonias.

Llegaron otros telegramas a Nueva York que ofrecían nuevos protagónicos. Jorge aceptó el estelar de *Huapango*, pero el film se retrasó por cuestiones técnicas, así es que el futuro "charro-cantor", tuvo que dar preferencia a una producción llamada *La Valentina.*

El filme en cuestión no tenía una historia sólida ni un gran elenco (por cierto, David Negrete intervino en la cinta. Esto marcó su debut y despedida de los escenarios). Por si fuera poco, sus ventas en taquilla resultaron pésimas, pero lo rescatable para la vida sentimental de Jorge, fue que durante ese rodaje conocería a su primera esposa: Elisa Christy.

Elisa era bailarina y tenía muy pocas dotes como actriz, pero quizá por ser hija del actor español, Julio Villarreal, se le había incluido en el elenco de *La Valentina*. Ante sus errores inevitables, a Jorge le llamaba la atención . En el intermedio de una escena, Elisa no pudo resistir más las críticas de

Negrete y muy enojada le pidió que diera fin a sus comentarios de mal gusto.

No hubo más comunicación entre ambos. Pero las críticas de Jorge no eran sólo una muestra de intolerancia, sino de interés, ya que desde un principio le había atraído la joven bailarina. Ésta es una constante en la vida amorosa de Negrete: ganarse la antipatía de su cortejada, para después conquistarla. Jorge estaba seguro de que aquella bailarina y novel actriz podía caer en sus redes; así que en cuanto terminó la película se dedicó a seguirle los pasos.

Su búsqueda lo llevó hasta el teatro Ideal, donde Elisa era parte de la obra *El baisano Jalil*, protagonizada por Sara García y Joaquín Pardavé, y que tiempo después sería llevada al cine para convertirse en uno de los filmes inolvidables del cine mexicano. Cuando finalizó la función, Jorge se dirigió al camerino de la bailarina. Por supuesto, su actitud cambió. Le habló con amabilidad y como todo un caballero, tanto que logró convencerla para salir a cenar. En muy poco tiempo el noviazgo se formalizó.

Pero la relación se alternaba con una serie de películas que se le ofrecieron a Jorge, filmes que pueden ser olvidados fácilmente debido a su mediocridad: *Caminos de ayer, Perjura* (francamente mala aunque muy taquillera), *Juntos pero no revueltos, El cementerio de las águilas* (dedicada a los Niños Héroes), se cuentan entre aquellas producciones. Como se podrá comprender, Jorge ganaba popularidad, pero aún no explotaba el gran icono del cine nacional.

En una decisión sorpresiva, la 20th Century Fox se interesó por contar con los servicios del atractivo cantante. El contrato en cuestión le obligaba regresar a Estados Unidos y separarse de Elisa.

Sin embargo, el compromiso con la prestigiada compañía no fue más que otro espejismo, pues nunca se rodó película alguna. Ciertos periodistas de la época aseguraban que esto había sido parte de una estrategia para "congelar" a los principales actores latinoamericanos. La realidad es que Jorge sólo filmó un pequeño musical llamado *Noches de Cuba,* en el cual se reencontró con Ramón Armengod.

Las épocas cambiaban. Hablamos de 1940, cuando Estados Unidos se había consolidado como potencia mundial y, al mismo tiempo, se preparaban para el más grande conflicto de su historia. Ya no eran los tiempos cuando el salario apenas alcanzaba para hospedarse en un hotel de tercera. Atrás había quedado el recuerdo de un joven convaleciente y pobre. Entonces el contrato con la 20th Century Fox le había traído la abundancia. Se cuenta que su presupuesto creció a tal grado, que pudo adquirir seis coches. Como detalle extravagante y presuntuoso, cada uno de ellos tenían apodos muy sugestivos: "Apasionado", "Sembrador", "Arrebato"...

Elisa debió hacer lo imposible para seguir los pasos de su novio. Decidida a reencontrase con su amado, viajó a Nueva York con una compañía de danza, y en cuanto llegó a la Urbe de Hierro, se enroló en las filas del club "Havana Madrid". Casualidad muy grande, pues la ciudad de La Habana fue el próximo destino de Jorge.

Desde que pisó suelos cubanos, la empatía entre Jorge y el público de aquella isla fue extraordinaria. Se dedicó a ofrecer algunos programas de radio, los suficientes para convertirse en uno de los favoritos del público isleño. Ésta era una de tantas canciones con la cual se ganó el cariño de los cubanos:

Eres alma, gloria en mi vivir
Que sólo es para ti
Eres tú la historia, que con fervor
Y ardiente amor, te canto
Te amo, musito tiernamente
En mi canción demente
Canción cubana
La brisa te lleva mi alma entera
En mi canción primera

Canción cubana
Yo sólo quiero que esta fiel canción
Te lleve el ritmo de mi corazón
Te sueño cantando en tu ventana
Cuál cantar en La Habana, canción cubana
Yo sólo quiero que esta fiel canción
Te lleve el ritmo de mi corazón
Te sueño cantando en la ventana
Cuál cantar en La Habana, canción cubana

Lo más destacable de esta visita a Cuba, fue lo que sucedió durante el regreso a Estados Unidos.

Resulta que Elisa Christy no se conformó con viajar a Nueva York, sino que en cuanto supo del viaje a Cuba, se dirigió a la isla. Allí, por fin pudo reencontrase con su pareja, quien por supuesto extrañaba a su bella novia. En cuanto terminaron los compromisos con la radio cubana, Jorge y Elisa se embarcaron con destino a Miami, puerta de entrada hacia la potencia mundial para los países del Caribe. En esta ciudad estadounidense la pareja fue retenida, la razón: el hecho de que ni Jorge ni Elisa tuviesen contrato vigente con alguna compañía norteamericana.

La pesadilla empeoró, cuando a Jorge lo recluyeron en un lugar llamado "Latin Place". Éste era una especie de cárcel, donde los parias y delincuentes que intentaban ingresar a Estados Unidos eran detenidos.

Ésa fue la mayor ignominia que podía tolerar Negrete. De inmediato, el barítono se dedicó a reclamar sus derechos y pidió la intervención del Consulado.

Guillermo Padrés, representante del gobierno mexicano en Miami, intercedió por Negrete. El cónsul logró en poco tiempo que el cantante mexicano saliera ileso de tan peligroso lugar.

Sin embargo, Elisa tenía mayores problemas. Al carecer de nexos formales con Negrete, era considerada como una indocumentada más.

La solución era muy sencilla y había pasado por la mente de la joven pareja: casarse. Así es que Jorge se comprometió ante las autoridades migratorias para contraer matrimonio con Elisa. En una ceremonia hecha al vapor, Elisa Christy y Jorge Negrete realizaron su boda. El City May de Miami, fue el recinto que dio cabida a la austera celebración, en la cual el mismo cónsul, Guillermo Padrés, fungió como padrino. Esto fue el 28 de marzo de 1940.

Ya bien establecidos en la ciudad costera, Jorge obtuvo un trabajo en el "Royal Palms", club nocturno del "Royal Palace". La estancia fue muy breve, pues Jorge continuaba obsesionado con triunfar en Nueva York. Por aquellos tiempos, Jorge se daba a conocer con una canción de Cole Porter, llamada *Beguin the Beguine*:

Ritmo anhelante de amar
que sirve de senda a la melodía
que me hace olvidar mi melancolía
trayendo a mi mente un nuevo ideal.

Hoy solo salí cerca del mar
cual suave vaivén vibra en mis oídos
el rumor de besos escondidos
en el beguine tropical

Volver a vivir aquellos instantes
en que me robaste el corazón
en que juré amarte eternamente
con el fuego ardiente
de mi pasión

Momento feliz divino ideal
hasta que la lluvia llegó
para dispersarnos
y por la más cruel maldición
quiso condenarnos
a una soledad sin igual

Nunca olvides tu ritmo sensual
que la llama de amor sincero no se apaga
ni el deseo de amar por siempre nunca se acaba
en el beguine tropical

Canta siempre tu ritmo, siempre sin cesar
hasta que las estrellas vuelvan a alumbrarnos
hasta que tu beso mebril vuelva a juntarnos

En el dulce rumor
del ritmo sensual
de la canción tropical
dulce beguine
tropical.

El viaje no tardó en realizarse. La pareja se dirigió hacia la enorme ciudad de los rascacielos. En cuanto Negrete pisó suelo neoyorkino, aceptó una propuesta para cantar en el famosísimo centro de espectáculos "Copacabana". Todo iba muy bien, hasta que Jorge fue entrevistado por el empresario responsable, Mante Procer. De nuevo el orgullo del cantante se impuso a la atractiva oferta. Éste es un extracto de la charla que tuvieron Negrete y el empresario; misma que nos muestra a la perfección lo sucedido aquel día:

" —Mire, señor Negrete, tengo la intención de montar un gran espectáculo en el cual usted será la estrella. Tengo coreógrafos, bailarines y lo único que falta, es su firma en el contrato, claro, si usted acepta cantar obras de Lara, vestido de torero.

—¿De torero? No señor Procer, eso jamás. Yo siempre me presento de etiqueta frente al público.

—No. Usted canta vestido de torero o no hay contrato.

—Muchas gracias, señor. No hay contrato."

Con este nuevo desdén por parte de Negrete, sobrevino una crisis económica que obviamente no le afectó sólo a él, sino a Elisa. Christy, por su parte y para apoyar un tanto la economía de su pareja, había pretendido regresar al "Habana Madrid", pero su marido se negó cual mejor macho.

La situación era pésima, no obstante los ahorros que tenía Jorge. La desesperación era lo que dominaba a la joven pareja.

Pero uno de esos milagrosos telegramas a los que estaba acostumbrado el barítono, llegó tan pronto como la necesidad excedió los límites.

El comunicado en esta ocasión provenía de su hermano David, quien le pedía regresar a México, la razón: una oferta importantísima. Resulta que se le había encargado el protagónico en la película *¡Ay Jalisco no te rajes!* Claro, sólo había un requisito, que Jorge vistiera el traje de charro.

Aquí debemos de aclarar que Jorge, tanto en *La Valentina*, como en *Aquí llegó el valentón* (filmada en 1938) y en *Juan sin miedo* (rodada el mismo año), había portado el sombrero tradicional y el traje de charro. Pero al parecer la experiencia no le había agradado del todo. La paradoja fue que por no haber aceptado vestirse de torero (que a fin de cuentas lo hizo en *Sangre, seda y sol*), tuvo que volver a caracterizarse como aquellos que lucharon en contra de su padre en la Revolución.

Esta oportunidad era la puerta para ingresar a la fama. Jorge jamás sospechó que su personaje fuera a trascender hasta otros países. Elisa, por su parte, jamás imaginó que esa película sería la responsable de su rompimiento con Jorge.

Aunque me cueste la vida

Un Buik recorre las enormes carreteras de Estados Unidos. Su ruta va de Norte a Sur. En él viaja un hombre insatisfecho, un tanto frustrado, y una mujer que añora su patria más allá de la frontera.

El mismo Buik, días después arriba a una casa ubicada en la avenida Coyoacán, en plena colonia Del Valle. Allí descansan de su larga vida, la señora Emilia Moreno y el Tte. David Negrete. El longevo matrimonio abre las puertas para recibir al joven matrimonio.

Negrete gozaba de cierto reconocimiento, gracias a la película *Perjura* que, como repetimos, tuvo su éxito, aunque corto en taquillas. Sin embargo, el barítono no era el delirio de las mujeres, y mucho menos el gran embajador de la música vernácula.

Tan pronto como se entrevistó con Joselito Rodríguez, director de la película, comenzaron las disputas. A Jorge no le agradó en nada la historia, ni los diálogos, y mucho menos el cambio de imagen. Quien acompañó a Jorge en el reparto de *¡Ay jalisco no te rajes!*, asegura que el barítono nunca tuvo buena disposición para grabar las escenas. Además, su sueldo de $2,800, era menos de lo que había ganado en *Perjura*.

La canción que dio título a la película era un éxito desde unos años atrás gracias a la voz de Lucha Reyes. Manuel Esperón era el responsable de haber musicalizado la letra del compositor Ernesto Cortázar.

Este dúo se encargaría de musicalizar la mayoría de películas en las que el próximo "charro-cantor" estaba por protagonizar. Sin imaginarlo, serían copartícipes de la gran popularidad que la imagen del hombre valentón, decidido, arrogante, borracho y mujeriego llegara hasta la Patagonia.

"El ametralladora", personaje principal de *¡Ay Jalisco no te rajes!*, era un vengativo ladrón, aunque en realidad era una imitación de "El Remington", famoso pistolero de los años treinta. El responsable de conciliar a Negrete con un personaje tan distinto como "El ametralladora", fue Joselito Rodríguez. Claro, éste debió utilizar hasta amenazas para convencer a Negrete de que debía desempeñarse con el mayor profesionalismo posible. Para fortuna de Jorge, su pareja coestelar no era del todo desagradable, pues se trataba de Gloria Marín.

Como Dolores del Río, María Félix y otras, Marín carecía de dotes histriónicas, pero su belleza y personalidad hacían olvidar al espectador aquel defecto.

Gloria Marín entonces era famosa por sus romances con actores reconocidos y por su baja calidad artística. Con *La tía de las muchachas,* había pasado a la lista de actrices mediocres. Sin embargo, no desentonó al participar en *¡Ay Jalisco no te rajes*! Sin duda, la presencia de Negrete, que de inmediato le atrajo, contribuyó a que su trabajo resultara armonioso.

El impacto de la cinta fue inusitado. Ni Joselito Rodríguez ni Jorge Negrete se imaginaron que un personaje como "El ametralladora", representara al nuevo prototipo del galán cinematográfico. Jamás sospecharon un éxito en taquilla tan impresionante. Claro, la prensa, e incluso los sucesos del México de aquel entonces, ayudaron a propagar la fama de la cinta. A propósito de esto, se ofrece una anécdota comentada por Rodríguez, que nos aclara cómo los medios y los accidentes ayudaron a hacer de una cinta un verdadero hito en la historia del cine mexicano:

> "La víspera del estreno hubo en la capital un fuerte sismo que agrietó varios edificios. En uno de ellos había una manta anunciando la película, y por casualidad

quedó precisamente sobre una gran cuarteadura. ¡Jalisco se había rajado! Los diarios publicaron la foto, la gente festejó la cosa y la película recibió una enorme publicidad gratuita."

Pero si el éxito en México fue contundente, en otros países fue tanto como un fenómeno natural. En Guatemala causó tumultos, mientras que en Argentina duró seis meses ininterrumpidos en cartelera.

Como un remolino llegó la fama: las mujeres asediaban a Negrete mientras viajaba en su nuevo auto: un Packard, todo un lujo de la época. Los reporteros divulgaban notas acerca de su vida íntima, casi todas coincidían en que Jorge y Gloria mantenían un romance clandestino. Las diversas biografías del cantante nos hablan de que Marín fue el amor de su vida. Incluso, se han publicado cartas que develan el gran cariño que Negrete sentía por ella.

Por supuesto, Elisa no pudo soportarlo; además, se encontraba muy incómoda viviendo en la casa de sus suegros, alejada de los teatros y peor aún, escuchando los rumores que se vertían acerca de la vida sentimental de su esposo. Como un acto de rebeldía y de venganza, Elisa se enroló en la compañía artística del comediante "Panzón Soto".

La conservadora familia Negrete y el mismo Jorge no pudieron tolerar dicha actitud. Elisa regresaba muy tarde debido a sus actuaciones y se alejaba de la vida hogareña.

Las fricciones resultaron inevitables. Emilia y el Tte. David se quejaron ante Jorge, y éste tuvo que optar por mudarse junto con su esposa a un departamento ubicado en la calle de Sonora.

Pero el cambio de residencia no logró salvar al matrimonio, ya que a Jorge la presencia de Gloria y la fama no lo dejaban en paz. Por su parte, Elisa continuaba comportándose de manera rebelde. Lo peor, es que en esos días se gestó un lazo que obligaba al matrimonio a recordar su compromiso: el próximo nacimiento de una niña (Diana Negrete).

Al contrario de lo que se podría pensar, aquello no detuvo a Jorge, quien continuó su romance clandestino con la Marín. Esta relación se consolidó para los medios en la película *Seda, sangre y sol* (de la cual, por cierto, se ha hablado muy mal).

Para reconciliarse un poco con su público y con el reconocimiento de la crítica, Jorge aceptó actuar en *Historia de un gran amor*. Ésta lo consolidaría como un actor de buena calidad, además de un excelente cantante. El film en cuestión fue dirigido por Julio Bracho, famoso por sus cánones esteticistas. El guión era una adaptación de *El niño de la bola,* del escritor español Pedro Antonio de Alarcón. Por supuesto, la pareja de Jorge era Gloria Marín. Pero la pasión de la pareja se vio controlada por la presencia de un actor inesperado: Julio Villarreal. Con todo, las escenas resultaron ejemplares, tanto que Jorge se hizo acreedor al premio Presidente de la República, que otorgaba la Academia de Ciencias y Artes. Sobra hablar del gran éxito que tuvo esta cinta en taquilla.

Jorge estaba convencido de que Gloria le había traído la suerte y el amor; así es que no dudó en imponerla en todas las películas que se le ofrecieron para que actuara a su lado.

Jesús Grovas, productor, y Miguel Zacarías, afamado director, habían emprendido un nuevo proyecto: *El peñón de las ánimas*. Para este film habían pensado en Jorge Negrete como protagonista. Pero no tenían contemplada a Gloria, sino que habían fijado su atención en una joven bellísima: María de los Ángeles Félix.

Negrete intentó por todos los medios sacar de la jugada a la actriz debutante, pero al final no consiguió imponer a su amante.

Como había sucedido en *¡Ay Jalisco no te rajes!*, Jorge aceptó las condiciones del director y el productor, pero de muy mala gana. Para vengarse, se dedicó a señalar todos los errores que cometía la incipiente actriz. Como alguna

Cartel de, quizá, la película más famosa de Jorge Negrete.

vez hizo con Elisa, Jorge no midió sus críticas, incluso frente a los directores y al reparto. En el colmo del rencor, Negrete se atrevió a entrar en el camerino de la Félix para preguntarle:

—Dígame usted, ¿con quién se acostó para que le dieran el estelar?

La Doña con su tono tan peculiar, le contestó:

—Usted tiene más tiempo en el medio y sabe mejor que yo con quién acostarse para obtener papeles.

Después de esta acre discusión, Negrete y María Félix tardarían 10 años para volver a entablar una charla fuera de cámaras.

El peñón de las ánimas pudo rodarse a pesar de este choque entre dos grandes egos. El público, por su parte, testificó el surgimiento de una nueva actriz y la consolidación del "charro-cantor".

Pero la vida íntima de Jorge no le sonreía del todo. La ruptura con Elisa fue inevitable. Jorge se despidió de su departamento y prefirió pasar las noches con Gloria, en su habitación ubicada en la calle de Mazatlán. Claro, como buen hijo de familia, Jorge trataba de estar el mayor tiempo posible con sus padres, quienes no veían con buenos ojos la nueva relación del hijo. Gloria era sin duda, el prototipo de la "robamaridos" y de la "destructora de hogares". Los medios la tildaban de mujer fatal, e incluso de vivir a costas de la fama de Jorge. Lo cierto, es que la Marín era enemiga de la mojigatería y en nada le afectaba ocupar el lugar de la amante.

Obvio, las grabaciones de Negrete triunfaban a la par de las películas. Sólo en un filme, *El jorobado,* el "charro-cantor" debió guardar su excelente voz para concentrarse en su papel estelar. Que Jorge haya aceptado esta película fue un grave error. Sin duda, los escenarios versallescos que rodeaban la historia atrajeron al elitista Negrete. Las "fans" del "charro-cantor" se desilusionaron al ver en las pantallas a un Jorge del siglo XVIII francés.

Pero si sus papeles resultaban controvertidos o inconvenientes, sus éxitos en la radio no dejaban lugar a dudas. *Serenata Tapatía, La torcida, Bonita Guadalajara, El azotón, Esos altos de Jalisco* y *Yo soy mexicano,* habían logrado el triunfo unánime. Como dato curioso, Jorge se animó a grabar la letra que pertenecía a un joven poeta mexicano que en esos entonces ya prometía: Octavio Paz.

En el año de 1943 surgió una oferta para protagonizar un film argentino. La propuesta era muy seductora, ya que el mismo Jorge gozaría de algunos derechos por la explotación del filme. Sin embargo, Negrete decidió rechazarla, ya que la historia no tenía ni pies ni cabeza.

Con todo, la relación entre Negrete y Argentina siempre fue muy buena. En innumerables ocasiones debió alternar con estrellas de aquel país. En *Cuando quiere un mexicano,* compartió estelares con la famosa actriz y cantante Amanda Ledesma. El film es una comedia en la cual la lucha hombre-mujer deriva inevitablemente en el amorío. Negrete y Ledesma protagonizaban una especie de batalla amistosa entre México y Argentina. Cortázar y Esperón debían combatir a su manera con la música de Héctor Samponi. La cinta fue un éxito más en taquilla.

El orgullo y la obsesión por ser el protagónico le había dado a Jorge los mejores resultados. Mas el "charro-cantor" no se conformaba con ser el ídolo de las multitudes en toda Latinoamérica. Jorge sentía una obligación con esa sociedad que tanto lo quería, y aún más con los camaradas del medio artístico. El siguiente es un testimonio de su tío Enrique Solís, quien era secretario general de la Unión Nacional de Trabajadores de Estudios Cinematográficos (UTECM):

> "...pude advertir que a Jorge le interesaba sobremanera todo lo relacionado con los asuntos sindicales. En la primera oportunidad lo incluí en la delegación de actores que participó en la comisión mixta obrero-patronal que pedía los nuevos incrementos de salario para los trabajadores, así como el pago de siete días, conquista que tuvo nacimiento, desarrollo y éxito gracias a su empuje."

Pero por desgracia Enrique Solís era corrupto. Por una parte encabezaba a los trabajadores del cine, y por el otro, era dueño de una productora que le dejaba grandes ganancias. Salvador Carrillo, director del STIC, era su cómplice. Este hombre, a su vez, era amigo íntimo de Fidel Velázquez, que lo protegía de cualquier intento de rebelión dentro del STIC.

Esto le repugnó a Jorge, quien de inmediato se avocó a combatir las corruptelas de su tío y a unir a sus compañeros del medio cinematográfico. Para ello, tuvo que deshacerse de su gran ego y aliarse con su rival de taquilla: Cantinflas. El Mimo de México y Negrete se conocían desde 1942. Cuando Mario Moreno ganó las elecciones para secretario general de la ANDA, Jorge había formado parte de su planilla como secretario de conflictos. En el aspecto sindical se llevaban muy bien. Jorge le apodaba "Chango" a Cantinflas, mientras que éste le llamaba "Charrito". Incluso el mimo le regaló una ametralladora con incrustaciones de diamante y solía invitarlo a sus reuniones.

En 1944 se suscitó su primer golpe en contra de Enrique Solís. Consistió en desligar de la UTECM al gremio de los actores para que formara parte de la sección 7 del STIC. El fotógrafo Gabriel Figueroa trató de hacer lo mismo con la sección 2, que era formada por técnicos y manuales, pero encontró mayores dificultades que el dúo Cantinflas-Negrete y tuvo que aliarse con ellos. Catherine Macotela nos explica qué niveles alcanzó la lucha:

> "El 11 de febrero de 1945, Solís fue acusado de haber robado documentos de la sección 2. Se dijo que había llegado con cinco camiones al local, pero que Gabriel Figueroa pudo impedir el robo. Las oficinas fueron selladas y Negrete acusó a Solís de haberse robado más de un millón de pesos en cuotas. El 15 de febrero en presencia de Fidel Velázquez, Figueroa acusó a Salvador Carrillo de solapar a Solís. Carrillo le fracturó la mandíbula de un puñetazo y el fotógrafo tuvo que ser hospitalizado, con riesgo de perder la vista de un ojo. El incidente provocó un cisma en el sindicato. Las secciones de técnicos, actores y directores pidieron la expulsión de Carrillo, pero Fidel Velázquez lo sostuvo en el cargo."

El 25 de febrero las secciones se habían rebelado, y por ello anunciaron la formación de un organismo autónomo, el STPC.

No obstante que Fidel había descalificado al nuevo sindicato, "El mimo" y el "charro-cantor" se atrevieron a amenazarlo con retirarse de la CTM y firmar un pacto con el STIC en cuanto salieran de la dirección Salvador Carrillo y sus secuaces.

Pero Fidel demostró a lo largo de su extensísima vida, que era partidario del divisionismo entre los obreros, pero no entre su gente, así es que calificó de reaccionario al secretario del Trabajo por haberle concedido registro a los disidentes.

Carrillo se supo apoyado por Fidel y contraatacó: En julio de 1945 emplazó a huelga a los estudios Clasa, Azteca y Sthal. Con esto buscaba suspender la filmación de películas. El 15 de julio Cantinflas y Jorge Negrete juntaron a todos los miembros del sindicato. La situación volvió a tensarse. Según Gloria Marín:

> "El STIC se quiso adueñar de los estudios, deseaba parar las producciones que estaban en rodaje, pero fuimos nosotros quienes los tomamos, sobre todos los hombres, quienes estuvieron 10 días encuartelados. No podían salir ni para bañarse o cambiarse de ropa, tenían que hacerlo en los camerinos. Incluso, los estudios Clasa fueron minados, de manera que sólo nosotros sabíamos por dónde entrar sin peligro alguno: eso era con el fin de prevenir algún intento de asalto por parte de los contrarios."

El Presidente Ávila Camacho, quien temía tener fricciones con Fidel si apoyaba al nuevo sindicato, no hizo nada para resolver el conflicto, hasta que salieron a relucir las pistolas. Entonces propuso una reunificación. Jorge y Cantinflas rechazaron esto. Ávila Camacho se dio cuenta de que ir en contra de las luminarias, le traería efectos nefastos a su popularidad, así es que tuvo que acceder.

La venganza de Carrillo fue maquiavélica. Impidió que la última película de Jorge Negrete, *No basta ser charro,* se estrenara. Además, exigió a los iluminadores y tramoyistas del teatro donde se prensentaba "Cantinflas", que incumplieran su trabajo. Por si fuera poco, saboteó los filmes de Gabriel Figueroa, exhibiéndolos fuera de foco.

Pero los artistas comandados por Negrete y Mario Moreno no se quedaron atrás. Se aliaron con el Sindicato Mexicano de Electricistas y se dedicaron a boicotear de manera parecida a Carrillo. Su principal acción, fue cortar la luz de los cines controlados por el STIC.

La campaña de Miguel Alemán para la presidencia se acercaba. Jorge y Cantinflas tuvieron la suficiente sagacidad para acercarse al próximo líder de nuestro país. Alemán supo que aliarse con las estrellas del momento resultaría una estrategia infalible, así es que aceptó rodearse de Negrete y Cantinflas en la mayor cantidad de actos públicos.

Una crónica del periodista Sáenz de Miera transcribe las palabras de Jorge al candidato oficial:

> "En calidad de amigos de verdad, le ofrecemos esta prueba simbólica de afecto y le manifestamos que siendo como somos, ajenos del todo a la política por nuestra categoría de artistas, nos hemos comprometido al solo impulso de nuestro corazón para estar con nuestro amigo, Miguel Alemán, dispuestos a darle todo sin pedir nada a cambio."

Ganada la confianza del próximo gobernante, las cosas mejoraron. Fidel debió bajar el tono de sus amenazas y las venganzas de Carrillo desaparecieron.

Se dice que Jorge era amante de las causas justas y de la rebeldía. Esto puede ser cierto, aunque un tanto romántico. En el fondo parece que Jorge deseaba representar una figura paternalista. Quería ser la voz de aquellos que no tenían ni la fuerza ni la decisión para defender sus propios derechos. Cuando su poder al frente de la ANDA creció, fue inevitable que se convirtiera en una especie de "Mesías" de los trabajadores de la industria cinematográfica. Esto se puede comprobar con un discurso ofrecido en el frontón México:

> "Hay trances en la vida de un hombre, como en el caso mío, en que llegamos a una altura en que sobre nosotros sólo está Dios. Es entonces cuando nos damos cuenta cla-

ra de la misión del hombre sobre la Tierra: luchar por el bien de nuestros semejantes, por los débiles, por la unión de los hombres de buena fe para aplastar las injusticias que se cometen contra el humilde."

En fin, Jorge parecía llevar su imagen de justiciero de la pantalla a la vida real. Pero aunque consiguió innumerables beneficios para sus compañeros, su verdadero oficio era actuar e impresionar al público con su tremenda voz.

Canaima, la novela de Rómulo Gallegos, adaptada al cine por Juan Bustillo Oro, esperaba a Jorge. El entonces "charro-cantor", se sintió halagado de encabezar el elenco de aquella película. Negrete no era un literato y aunque hablaba cinco idiomas, estaba lejos de ser el erudito que pintan las apasionadas biografías; claro, siempre sintió una gran afición hacia las letras; conocía la figura de Gallegos y sospechaba los alcances de una historia como *Canaima*.

Pero un pequeño incidente demostró que Jorge no era invencible y que su propia voz lo podía traicionar. Durante la filmación la "afonía" lo sorprendió. Fue terrible para Jorge no poder interpretar la escena de la serenata que debía ofrecer a la actriz Rosario Granados. El equipo de producción improvisó toda clase de remedios. El médico responsable le pidió a Jorge que hiciera unas gárgaras que sólo lograron irritar aún más las cuerdas vocales del barítono. En el límite de la desesperación Negrete pidió que llamaran a su gran maestro, Pierson. Para su fortuna éste tenía la solución: todo consistía en que Jorge tomara un poco de "cognac" tibio.

El resultado fue milagroso y marcó una de las escasas ocasiones en que Negrete ingirió alcohol. El mal estado en el que había quedado su hígado después de la hepatitis se lo impedía. Además, en su juventud, cuando era parte del Colegio Militar, había tenido una experiencia desagradable. Una sola cerveza bastó para que durante una corrida de toros, Negrete cometiera una serie de desfiguros que casi le costaron la expulsión. Entre otras irreverencias, se atrevió a bajar al ruedo como espontáneo e insultar al director del Colegio Militar, invitado de honor en la corrida.

Por si fuera poco, ya como artista reconocido, se tenía prohibido caer en la embriaguez; más aún: era intolerante con los compañeros que se entregaban a la bebida. Esto le acarreó un conflicto que pudo ser grave con su gran escudero en los filmes, "El Chicote". Según el director Bustillo Oro:

> "En cierta ocasión, 'El Chicote' no tuvo llamado de trabajo y la noche de la víspera se dio a beber. El diablo salió y no sé qué actor se indispuso, pero me vi obligado a filmar, en vez de la escena planeada, una de Jorge con "El Chicote". El jefe del reparto salió velozmente a buscarlos. Con Jorge no hubo problema. 'El Chicote' fue hallado en otro mundo, tumbado en el suelo de su departamento, cuyo amueblado no consistía más que en un colchón tendido en el suelo y un refrigerador lleno de cervezas. Con un baño y mucho café, el mensajero reanimó al actor lo suficiente para meterlo en un coche y llevarlo a los estudios.
>
> Llegado 'El Chicote', Negrete se indignó y con la investidura de severo juez denostó al bebedor en voz alta. Mucho rato 'El Chicote' lo escuchó avergonzado, pero tanto insistió Negrete, que el genio nada apacible de 'El Chicote' explotó y lo mandó a hacer gárgaras, usando la fórmula más ofensiva de nuestro lenguaje popular. Y se refirió tanto al artista célebre como al valentón y al secretario del sindicato. Jorge se achicó cuando su contrincante terminó retándolo a balazos y prefirió darle 'la suave'. Nadie se lo tomó a mal, pues todos sabían que 'El Chicote' era de armas tomar y la cosa no valía la pena."

Adiós Pampa mía

En 1945, México era una potencia cinematográfica. Ante las dificultades que la Segunda Guerra Mundial acarreaba a los países poderosos, nuestra nación crecía gracias a sus exportaciones cinematográficas. Nunca el mexicano fue digno de imitación en tantos países. Las divas eran las novias de todo un continente, los cómicos, como "Cantinflas", eran los responsables de llevar el entretenimiento a un público humilde en su mayoría. Incluso, los grandes actores de Hollywood se veían tentados a filmar en nuestro país, y si algo los detenía, era su orgullo un tanto parecido al de Negrete.

Como cabeza de este "boom" cinematográfico, era responsable de atender a los actores y actrices extranjeros que llegaban a nuestro país. No era extraño verlo en recibimientos de figuras como Bette Davis, Luis Sandrini y hasta Humprey Bogart. Pero entre los visitantes se destacó uno que terminaría por ser el más incómodo: Hugo del Carril.

En el lenguaje coloquial, los mexicanos usamos el término "El socio" para calificar al amante. Pues bien, por causas muy irónicas del destino, Hugo del Carril, afamado cantante y actor argentino, fue contratado para actuar junto con Gloria Marín en una película que llevaba el mismo mote.

Las revistas y periódicos sensacionalistas de la época se dedicaron a cumplir su tarea en cuanto *El socio* se mostró al público. La razón, fue que tanto la Marín como Del Carril, más que una pareja de actores, parecía una pareja de amantes espiados por las cámaras. Claro, esto era parte de la estrategia publicitaria gestada por los productores del

El actor y cantante argentino, Hugo del Carril.

filme, muy benéfica en cuestiones monetarias, pero de resultados nefastos en la vida íntima de la pareja Negrete-Marín.

Al principio, el "charro-cantor" pasó por alto el juego de la prensa. Su ritmo de trabajo no fue alterado ante los rumores.

Negrete seguía presentándose exitosamente en los escenarios y filmando otras películas, que aunque carecían de calidad, daban por resultado excelentes beneficios en taquilla. Jorge no sospechaba que entre Gloria y Hugo del Carril había más que una simple compatibilidad artística. Recordemos que Marín no había tenido escrúpulos para iniciar una relación con un hombre casado y que poco le importaba el qué dirán de una sociedad, cuyos criterios hoy nos parecen francamente mojigatos.

Gloria y Hugo fueron muy hábiles para ocultar su relación a los ojos de Negrete. Es más, el cantante argentino tuvo la suficiente sangre fría para ofrecerle al "charro-cantor" su departamento en Buenos Aires, con el fin de que no gastara en hoteles durante su primera visita a aquel país.

Así es, Jorge se había comprometido para viajar a todas las naciones de Latinoamérica donde era idolatrado. El itinerario comenzó en Panamá. Allí, mientras disfrutaba de la variedad en un centro nocturno, el público lo reconoció y le pidió que cantara. Negrete esa noche estaba en plan de turista y desairó a los presentes; hecho que le acarreó las peores críticas. A Jorge le importaba mucho la prensa y no quiso que su imagen se manchara en suelo ajeno. Al siguiente día ofreció un concierto en pleno parque de la ciudad. La desorganización y el "arrastre" de la estrella causaron muchos accidentes entre los fans.

Esto fue el preludio de lo que sucedería en Buenos Aires. Filas y filas de admiradoras, miles de curiosos que estaban dispuestos a escoltarlo desde el aeropuerto hasta el departamento de Hugo del Carril; eso fue lo que encontró Jorge a su llegada. Pero como le sucedería a Elvis Presley y a Los Beatles, años después, la histeria atacó a las admiradoras, que sin quererlo, casi linchan a su estrella.

Tres semanas duró su estancia en Buenos Aires. La gente era amable con el artista mexicano, incluso el Presidente Perón le tenía como a uno de sus favoritos. La oportunidad de escoger a la mujer que quisiera era cotidiana, pero Jorge siempre se mantuvo intacto a las seductoras miradas de las mujeres argentinas.

Para desgracia de Jorge a Buenos Aires habían llegado también los rumores del amorío entre Gloria y Del Carril. El acoso de la prensa se volvió insoportable, tanto como los encabezados que aseguraban la traición. Llegó un momento en el que Negrete no pudo resistir más la presión de los medios y quiso regresar a México; así es que se dedicó a cumplir con todos los compromisos y agilizar los trámites para su retorno a nuestro país.

Pero las escalas fueron inevitables. En Santiago de Chile el "charro-cantor" tuvo que detenerse por un par de días. Si en Buenos Aires la admiración hacia su persona era un fenómeno, se podría decir que en la capital de la República de Chile resultaba algo enfermizo. Las personas soslayaron sus obligaciones en cuanto se enteraron de que Jorge pasearía por las más importantes calles de Santiago. Lo que importó a los chilenos ese 26 de junio de 1946, fue admirar de cerca al héroe y galán de las películas mexicanas. Lo peor que pudieron hacer las autoridades chilenas, fue ofrecerle al "charro-cantor" un descapotable que lo llevaría hacia su hotel. No es exagerado afirmar que Jorge casi muere asfixiado, debido a la presión de la turba que se abalanzaba sobre de él. Incluso, una mujer que se hallaba entre la masa humana, quedó herida de gravedad.

Sin embargo, los percances no habían sido responsabilidad suya, sino como lo repetimos, de las autoridades que caían una y otra vez en la desorganización.

Con todo, el "charro-cantor" era poco más que un mito en aquellas tierras, así lo demuestra la siguiente nota periodística, cuyo estilo literario ensalza la figura del barítono:

> "La propaganda de pega, el elogio sin tasa que alucina a las muchedumbres y provoca recepciones multitudinarias preñadas de desmayos y accidentes graves, suelen engendrar una desconfianza honda que luego se torna en prejuicio invencible. Para anular esta impresión precisa, necesita imponerse una persona que, además de méritos auténticos, posea una fuerza expansiva convincente y cordial que imponga su personalidad. Es el caso de todo triunfador legítimo como Jorge Negrete. Visto de cerca, este astro no pierde su luz ni la grandeza de su magnitud, lo cual es poco menos que un milagro. Insensiblemente uno se encuentra incorporado a su órbita humana y amistosa, y todo parece sencillo y fraterno. Negrete, artista y hombre, es uno. No hay dobles ni dobleces. El mismo de la pantalla es el mismo que está paseando su varonía por las tierras de América, y el mismo que inspira los sueños venturosos y ardientes de innumerables mujercitas. Y el mismo que nos confiesa en una habitación del Hotel Carrera :
>
> "'Ante todo, México. Es mi sentimiento inseparable. Este cielo, esta montaña que he visto acá, parecen az-

tecas. El mismo azul, el mismo verde inconfundible, ese verde de la tierra de mi tierra lo he visto en el paisaje chileno. ¡Qué lindo!, fulguran las lámparas fotográficas, 'clicquean' las cámaras y hasta el balcón de este octavo piso sube desde la calle el rumor de las admiradoras del galán de América. Negrete asoma el busto, agradece agitando la diestra, y cuando alguien le aconseja que diga unas cuantas palabras al público, exclama: 'Gracias, amigos y amigas. Váyanse a comer y regresen'".

El trago amargo de este regreso, lo representaría la ciudad de Lima. En ese lugar hubo un excelente recibimiento, nada comparable con lo de Buenos Aires o Santiago, pero no menos caluroso. Al presentarse en el "Music May" de aquella ciudad, Negrete notó que el público de las primeras filas, gente adinerada y personajes de la vida política, se hallaba un tanto frío. Esto no lo pudo pasar por alto, así es que hizo una pausa en su recital para llamar la atención de los presentes:

> *"Quiero que se diviertan como lo estoy haciendo, pero los veo incómodos y no sé a qué atribuirlo. Me gustaría que los señores se quitaran los chalecos y que las señoras se quitaran los zapatos, a ver si así están mejor..."*

Lo que ignoraba Jorge, era que la mayoría de los asistentes habían protagonizado una Odisea para ingresar al teatro, debido a las filas enormes y al tráfico que se había generado por aquella visita tan eminente. Cansados y un tanto zarandeados, los poseedores de los boletos había conseguido entrar. He allí el motivo de su incomodidad.

Los asistentes, en mayor grado los de las primeras filas, no pudieron tolerar el comentario de Negrete, así es que se quejaron ante las autoridades de aquel país. El gobierno como represalia a la intransigencia de Jorge, decidió nombrarlo "persona non grata", e incluso amenazó con expulsarlo del país.

Negrete, como lo hemos visto a lo largo de esta biografía, solía hablar sin reparar en las consecuencias. Por ello, fue necesario que se retractara de sus palabras para conseguir el perdón del gobierno peruano.

El regresó continuó, no sin antes hacer una última escala en la isla que tanto lo quería: Cuba. Allí tuvo la oportunidad de regalarle un traje de charro al hijo del entonces Presidente, Fulgencio Batista. Mandatario que pasaría a la historia por su destronamiento a manos del "Che" Guevara y Fidel Castro.

A su llegada a México, en el aeropuerto, lo esperaban sus mejores amigos y, por supuesto, Gloria. La ocasión de confrontar a su amada se hallaba cerca; pero por ninguna parte apareció Hugo del Carril. Esto tranquilizó un poco a Negrete, quien aceptó una invitación de su hermano David para asistir a su departamento y continuar con las celebraciones por sus éxitos en Sudamérica.

La velada resultó en buen grado armoniosa, pero en algún momento de la noche apareció Hugo del Carril. Sin embargo, por lo que comenta la hermana de Jorge, Consuelo, parece que el actor y cantante argentino fue quien sufrió la peor decepción, pues Gloria le había jurado que su relación con Jorge era asunto fenecido. Del Carril, había asistido a la velada con la esperanza de saludar a su "socio" y de preguntarle por su estancia en su departamento, pero jamás se imaginó encontrarse a Gloria en el mismo lugar. Según Consuelo Negrete:

> "Estaba platicando conmigo (Hugo del Carril) y con Luis Aldás en el hall de la casa, cuando de pronto entró Gloria con Leonora Amas. Hugo volteó a verla y dijo: '¿Pero que no me había jurado que ya no tenía nada que ver con Jorge? Señora, permítame que me retire.'"

Con su orgullo vencido, el también actor y cantante buscó a Jorge para decirle: "Me voy Jorge, aquí sobramos dos."

Y así como desapareció de aquella casa, se esfumó de México y de la vida de Negrete y Gloria Marín.

Ignoramos los detallas que lograron reconciliar a la pareja. Seguramente Marín convenció a Jorge de que todo se trataba de simples rumores.

Pero las filiaciones de Gloria con los argentinos apenas empezaban. Después de su reconciliación con Jorge, la actriz aceptó una jugosa propuesta para filmar en aquel país que tanto quería a su pareja. Negrete mantuvo su fe firme hacia Gloria y no pudo oponerese a que su mujer continuara su carrera en esa nación que representaba muchos peligros y tentaciones. De nuevo Gloria alternó con un galán "Che", Roberto Escalada; pero de esta experiencia profesional no se derivó ningún romance. Por su parte, Negrete debió compartir los escenarios con otra actriz procedente de Argentina: Libertad Lamarque. Ésta, cantante y especialista en papeles dramáticos, había protagonizado una seria disputa nada menos que con Evita Perón. En nuestras épocas no es un secreto que la primera y única dirigente argentina de la historia haya exiliado de su país a Lamarque. Por increíble que parezca, los celos profesionales habían dominado a la mandataria.

Luis Buñuel fue el director de *Gran Casino*, cinta en la que Lamarque y Negrete realizaron un estupendo trabajo. Faltaban algunos años para que el director español escandalizara a la sociedad mexicana, e incluso al mismo Negrete con su película *Los olvidados*. Ésta le ganaría el odio de todos aquellos que gustaban de maquillar la realidad mexicana, aunque con el reconocimiento mundial, los comentarios en su contra se lograron matizar.

La siguiente carta fue escrita por Jorge durante el film *Gran Casino*, y nos habla de cuánto sufría ante la ausencia de su amada:

México, D. F., 11 de enero de 1947

Adorada viejita:

¡Buenos días! Aquí estoy otra vez como todos los días, reuniéndome contigo, aunque sólo sea en la imaginación. Pasan los días y más falta me vas haciendo. ¡Esto es terrible! ¡Qué tristeza tan grande me llena íntegramente! Salgo de trabajar y vuelvo a nuestro rinconcito para contemplar tus retratos y con ellos en la mano recorro todos los lugares familiares o usuales de nuestras horas de amor. Esta dolorosa separación ha causado en mi ánimo, un estado casi de delirio, pues cuando te escribo o me paseo por el departamento, no me acuerdo ni de que existo siquiera; sólo un pensamiento fijo admite mi mente, sólo un recuerdo acepta mi corazón: tú.

Voy a contar los días con ansiedad creciente, y cada día que pasa, en vez de parecerme corto, me parece que se alarga más y más. Pero en fin, confío en Dios nuestro Señor, que muy pronto ha de pasar este martirio, que de haberlo siquiera supuesto, no te hubiera dejador partir...

En cuanto se presentó la oportunidad para actuar en Argentina, Negrete viajó hasta ese lejano país. Un compromiso artístico en aquella nación no tardó en materializarse, se trataba de una revista musical llamada *Luna de miel para tres*. Por si fuera poco, los productores convinieron en que Gloria actuara al lado de su pareja; sólo había un inconveniente: Marín debía cantar al lado de Negrete. El maestro Mares, director musical de la obra, tuvo el suficiente oficio para no exhibir la pobre voz de Gloria y con base en ciertos trucos, logró que no hiciera el ridículo ante una voz tan imponente.

Luna de miel para tres era conformada por bailarines y actores argentinos y el fiel trío de Jorge, "Los Calaveras".

Su éxito fue tal, que la puesta en escena duró casi nueve meses ininterrumpidos.

Pudiéramos pensar que Jorge se hallaba tranquilo al tener a Gloria las 24 horas del día bajo su control, pero Marín era una mujer bella y carismática; además, el asedio de los admiradores argentinos era constante. Se dice que Negrete llegaba al exceso de reclamar a cualquier transeúnte que mirara en exceso a su amante. Su inseguridad creció al grado de hacerlo caer en una penosa costumbre: leer los telegramas que tuvieran como destinataria a Gloria.

Nunca encontró un mensaje dirigido a su "amada panterita" (como acostumbraba decirle) que contuviera frases amorosas o que la invitaran a un encuentro furtivo. Pero lo que halló en uno de estos telegramas que llegó desde México resultó devastador. Al leerlo, se enteró de una terrible noticia: el Tte. David había fallecido. La tragedia fue tan impactante, que Jorge tuvo una hemorragia hepática. Ésta sería la primera señal de una muerte que se encontraba a poco años de distancia.

¡Ay Jalisco, no te rajes!

Un buen bálsamo para el dolor de Jorge, fue realizar una visita a la ciudad que un día lo vio enfermo y pobre. Para no sentirse tan solo y distraer a los suyos, Negrete se hizo acompañar de su familia.

El rencor que la señora Emilia guardaba hacia Gloria Marín por su comportamiento y por su escandalosa vida, impidieron que Jorge invitara a su amante.

La familia Negrete no la pasó nada mal en la Urbe de Hierro gracias a la compañía de Chucho Montalbán (hermano de Ricardo, actor que en los setentas, se hiciera famosísimo por su serie *El crucero del amor*), quien como todo un guía de turistas los llevó a conocer la Catedral de San Patricio y otros lugares de interés.

En esta nueva estancia, Jorge pudo hacer lo que la pobreza le había impedido años antes: realizarse un examen médico a conciencia. El dictamen de los especialistas fue grave, pues Jorge, además de presentar una anemia aguda, tenía problemas en la próstata. Por si fuera poco, el nivel de linfocitos en la orina era alarmante, así como la cantidad de parásitos en sus intestinos. Como un extra, Negrete padecía de presión arterial alta y de un bajo nivel de colesterol. Nadie sabe cómo Jorge era capaz de cargar con estos males sin quejarse durante las grabaciones de sus películas.

De regreso a México y sin hacer caso a su estado de salud, Jorge se dedicó a filmar dos producciones*: Allá en el rancho grande* y *Si Adelita se fuera con otro.* La primera fue sólo un refrito de la protagonizada años antes por Tito Guízar, la segunda fue sólo un pretexto para que Negrete cantara la famosa letra revolucionaria que le diera título a la película.

La fama del "charro-cantor" se había extendido hasta Europa. En España se le solicitaba con frecuencia; sólo que el régimen franquista dificultaba el ingreso a la Madre Patria. Por si fuera poco, Jorge se había declarado en contra del régi-men de Francisco Franco. Según una nota aparecida en uno de los periódicos más sensacionalistas de aquellas épocas, Negrete seguraba:

"A España no voy mientras dure el régimen de Franco. Siento una gran animadversión por los dictadores."

Pero si Jorge hubiera obedecido a sus principios jamás habría vivido una de sus experiencias más emotivas en su carrera. Como había sucedido en otras ocasiones, Negrete moderó el tono de sus comentarios y así logró que el gobierno franquista tolerara su visita.

Después de un viaje en el transatlántico Queen Elizabeth y una breve estancia en París, Jorge arribó a la estación Príncipe Pío el 31 de mayo de 1948. Como se muestra en las fotos de la época, el recibimiento no envidiaba a los de Buenos Aires o Santiago. El rostro de Jorge al salir del vagón lo dice todo. Es una expresión que combina la sorpresa con el temor de ser linchado.

Pero amén de los peligrosos tumultos, todo fue miel sobre hojuelas durante aquella visita. Jorge era invitado por los mejores restaurantes de la capital española y los hoteles lo atendían como si se tratase de un rey. El sobrecupo fue inevitable en todos sus conciertos. El teatro Madrid fue tan insuficiente, que Negrete debió ofrecer un programa de radio. En Valencia, 35,000 personas fueron convocadas por aquel "charro-cantor" que traspasaba las fronteras.

Jalisco canta en Sevilla, fue el film que logró el milagro: la actuación de Jorge en escenarios hispanos. Cuatro semanas fueron suficientes para que el film se rodara al pie de la letra. Pero Negrete no podía estar solo en aquellos lugares. Fue necesario traer al escudero de todas sus películas, al gracioso "Chicote". En esta ocasión no hubo malentendidos, a pesar de que el cómico se aficionó al vino tinto como en México lo había hecho con la cerveza.

Teatro Apolo, fue la siguiente producción en tierras españolas. Ésta era una historia de amor del siglo XIX. Pero la intención real de la película, era mostrar a un Jorge interpretando zarzuelas a la par de la soprano María de los Ángeles Morales.

Estas dos realizaciones harían que Jorge se convirtiera en uno de los inmortales del cine español. Hasta el día de hoy es bien recordado por el público de la península ibérica. Su muerte, como lo veremos en el capítulo final, representó toda una tragedia para el ambiente artístico de aquel país.

Pero regresemos al orden cronológico. En cuanto Jorge terminó sus compromisos con España, regresó a nuestro país y a la compañía de Gloria.

Las sospechas de infidelidad habían quedado atrás, pero Jorge seguía empecinado en imponer a su amada como coestelar de sus películas. Gracias a esto logró filmar *Siempre tuya* y *Un gallo en corral ajeno*. Los resultados en taquilla de estas dos producciones fueron ejemplares, pero la relación entre Jorge y Gloria se deterioró al máximo.

Nadie conoce los motivos que precipitaron la ruptura entre la pareja Negrete-Marín. Algunos dicen que la señora Emilia tenía una influencia muy fuerte sobre Jorge y que en ocasiones éste parecía quererla más a ella que a su pareja. Otros afirman que Gloria estaba un cuanto aburrida de aquella relación y deseaba un nuevo noviazgo. Como fuera el rompimiento se generó después de filmar juntos *Ni pobres ni ricos*.

Para Jorge vino un periodo de soledad que logró soportar dedicándose a las cuestiones sindicales. Para Gloria, Abel Salazar representó el nuevo amor y una nueva oportunidad para compartir estelares.

Jorge se dedicó a defender con enjundia los derechos de los trabajadores del ramo cinematográfico, aunque esto le generó una rivalidad con su antiguo aliado, Mario Moreno. En 1948, ambos habían sido postulados para ocupar el cargo de Secretario General de la ANDA y el "Mimo de México" perdió en las urnas ante el "arrastre" del "charro-cantor". Actores, extras, técnicos y demás agradecieron la bondad de Negrete mediante sus votos, y nadie parecía mover un dedo en contra del magnánimo dirigente; sólo "Cantinflas" no estaba conforme con la decisión de sus compañeros.

La oportunidad de que Mario Moreno propinara un golpe bajo a su rival se presentó. La aliada de "el mimo de México" fue la actriz Leticia Palma. Esta mujer protagonizaría el mayor escándalo en la vida de Jorge Negrete.

Se trataba de una actriz ciertamente bella, pero con pretensiones fuera de lugar. Después de su éxito en el film *Cuatro contra el mundo* y en *La palma de tu mano,* Leticia comenzó a comportarse como toda una diva consagrada. Un contrato con el productor Óscar Brooks la obligaba a filmar una serie de rodajes; sin embargo, Jesús Sotomayor había seducido a la bella actriz con un sueldo bastante jugoso; la condición era romper los compromisos con Brooks. Leticia no dudó en aceptar la propuesta y, sin medir las consecuencias legales, pasó por alto su contrato con Óscar Brooks. Obviamente el productor demandó a Palma. El caso llegó hasta las oficinas de Jorge. Negrete, como era de esperarse, se inclinó con apego a la ley y a su honestidad por Brooks.

Leticia Palma había perdido la contienda. Su venganza fue digna de cualquier película de *gangsters*. Resulta que se hizo acompañar por un militar de media monta a las oficinas de la ANDA. Cuando llegó a dicho lugar, la actriz pidió a su acompañante que la esperara dentro de la camioneta en la que habían llegado. Palma ingresó a las oficinas en donde por alguna circunstancia no se encontraba Jorge. Allí exigió al secretario del Interior, Armando Velasco, su expediente.

Velasco ignoraba las intenciones de Palma, así es que decidió sacar los documentos del archivo. Al notar esto, Leticia Palma le arrebató los documentos y echó a correr. Como si se tratara de cualquier ladrón que acaba de asaltar un banco, la actriz abordó el vehículo que se encontraba en marcha y huyó con su expediente.

Leticia Palma pensó que desapareciendo aquel expediente las sanciones en su contra no tendrían efecto. Pero se equivocaba. La ANDA la castigaría de cualquier forma.

La actriz redondeó su venganza al difamar ante los medios a Jorge. Palma se atrevió a inventar que el "charrocantor" se había negado a entregarle su expediente y que, enfurecido por su insistencia, la había abofeteado. Esa misma tarde apareció en los tabloides el siguiente encabezado:

"Negrete abofetea a Palma."

"Cantinflas" aprovechó el escándalo y decidió apoyar a Leticia Palma. Mario Moreno pretendía ganarse la simpatía de los agremiados a la ANDA,

Jorge trató de olvidar a Gloria Marín trabajando duro en cuestiones sindicales.

actuando como un defensor de los débiles. Al mismo tiempo, golpeaba con "indirectas" al presidente de la ANDA, así lo demuestra la siguiente declaración:

> *"Deseo reivindicar a nuestro sindicato, cuyo prestigio ha sido arrastrado por lo suelos en recientes escándalos originados por cuestiones muy personales, para que vuelvan a reinar el compañerismo y la concordia, que están a punto de perderse ante ciertas actitudes censurables de los dirigentes."*

Las calumnias y los golpes bajos llegaron a su clímax en la Asamblea de la ANDA, realizada el 11 de enero de 1953. La sede: el teatro Esperanza Iris.

Lo que se supone sería un evento solemne, se convirtió en un auténtico show. "Cantinflas" subió al estrado para lanzar ataques ahora más directos en contra de Jorge. Para coronar su actuación, se había hecho acompañar por la mismísima Leticia Palma. Todo le sonreía al cómico, pero tuvo que intervenir una cantante de opereta que se encontraba en los primeros lugares de la Asamblea. "La Monina", como la conocían en el medio, con mucha suspicacia lanzó la siguiente pregunta a Palma:

"Si le pegó, entonces usted lo vio. Díganos, ¿cómo estaba vestido ese día?"

Leticia guardó silencio, se ruborizó y al final dio la siguiente respuesta: "Con un traje gris." La carcajada entre los asistentes, en su mayoría partidarios de Negrete, no tardó en presentarse. Jorge jamás utilizaba trajes de ese color. Mario Moreno y Leticia Palma palidecieron. Al Mimo no le quedó otra opción que pedirle una disculpa a Negrete por medio de un fuerte abrazo.

La Asamblea era un hervidero. La propuesta que rondaba en aquellos momentos era la expulsión definitiva de Leticia Palma. Negrete, con tacto y sensibilidad de sobra, pidió el perdón, pues al fin y al cabo se trataba de una compañera. Los 232 votos a favor de la expulsión y 60 en contra, fueron suficientes para que ni el mismo presidente de la ANDA se atreviera a contradecir la decisión.

Leticia Palma, en los días posteriores a su fracaso, se dedicó a apelar la decisión ante Conciliación y Arbitraje. Ciertamente logró ser readmitida en el gremio, pero ningún productor se animó a llamarla. La que alguna vez pretendió ser una nueva diva del cine nacional, se hundió terriblemente en el olvido.

Negrete había ganado. Mario Moreno hizo el ridículo de su vida. Nada comparable con los desfiguros que hacía su personaje frente a una vaquilla, como bombero o, incluso, como primer ministro.

Jorge Bueno, Pedro Malo...

Hacemos un paréntesis para presentar la vida de otro personaje que cruzó su camino con el de Jorge Negrete.

"Un joven cantante nacido en Sinaloa y miembro de la orquesta 'Estrella' conoce durante un concierto a una bella mujer: María Luisa León. Sin perder tiempo el joven pide que lo suplan en su labor y se aproxima inmediatamente a pedirle a aquella mujer el baile de una melodía.

"Al día siguiente, el joven dedica las canciones *Enamorado* y *No sé por qué* a María Luisa, a través del locutor de la radio en su programa de canciones; pero la dama nunca las escucha, debido a que su radio está en reparación. Por medio de otras personas, María Luisa logra enterarse de aquel detalle que es el preludio de un gran romance.

"En una bicicleta y con su guitarra 'guamuchileña' en mano, días después el joven de 20 años llega a su primera cita a la casa de la familia León; canta algunas melodías y logra ganarse el afecto de todos.

"Durante los siguientes dos años el joven cantante y Maria Luisa vivieron un romance formal, de paseos, bailes y largas visitas de él en casa de ella. Pero el matrimonio, aunque deseado, estaba bastante lejos aún, pues el escaso sueldo del joven cantante servía para cooperar en el mantenimiento de sus numerosos hermanos y no podría sostener una familia como la que se exigía para María Luisa.

"Es en este momento cuando surge la inquietante idea de partir a la capital de la República, pues el mundo artístico para el joven era muy estrecho en aquella pequeña ciudad y las oportunidades de mayores ingresos se daban muy lentamente. Se hizo un plan: María Luisa viajaría a la ciudad de México en compañía de una amiga para atenderse de supuestos 'principios de paludismo"; el joven cantante la seguiría una semana después, se casarían en la capital y vivirían su destino juntos.

"Ya formalizado el compromiso, decidieron rentar un pequeño cuarto donde sólo duraron horas, pues las pulgas, chinches, ratas y ratones, brotaban por doquier pasando ambos su primer noche en vela. Se mudaron después a la calle Abraham González número 110, algo más decoroso.

"Pronto los ahorros empezaron a disminuir; el joven cantante no conseguía trabajo. La comida de la pareja era por demás humilde: frijoles y café. Pálidos y flacos, se presentaron ante el juez del Registro Civil, el día 19 de junio de 1939 para celebrar su matrimonio civil, y el 1o. de julio siguiente recibieron la bendición en la Catedral Metropolitana. El dinero escaseaba y tuvieron que cambiarse de domicilio a la calle Ernesto Pugibet, cerca de los estudios de la XEW y XEB.

"Ya en la desesperación, el joven decide participar en 'La Hora de los Aficionados', en la XEW; María Luisa no estaba de acuerdo, y en un último intento de disuadirlo ya en la puerta de la difusora, lo convenció al menos para ir a una iglesia cercana y pedir por el éxito en el concurso. Al salir, María Luisa lo convence de solicitar una prueba en la XEB y acepta, pero Pedro se puso tan nervioso que fracasó rotundamente.

"El técnico de la emisora, Luis Ugalde, se hizo amigo del muchacho y le ayudó en gran medida a conseguirle una segunda prueba, la que resultó también en fracaso... los nervios lo traicionaron de nuevo. El joven insistió en que el ingeniero Luis Ugalde lo presentara con el director artístico de la estación, Julián Morán Millán. Tras practicar intensamente con María Luisa, el tímido pueblerino cantó y gustó, enviándolo Morán a estudiar canto con el profesor Ernesto Belloc, pues según él, había que eliminarle cierto sonido desagradable, como de trompeta que se escuchaba cuando el joven emitía una nota aguda. El profesor hizo amistad con él y siempre alabó el sentido de responsabilidad y el carácter. Ante el propio Director de la XEB, Bernardo San Cristóbal, el decidido cantante pasó una última prueba obteniendo un contrato de tres programas por semana a dos pesos cada uno; con eso, al menos la renta estaba asegurada. Alternaba con una solista llamada María Luisa Piña, quien terminó casándose con el maestro Belloc.

"En una ocasión, al terminar el programa, el director Morán Millán esperaba al joven para llamarle la atención por desafinar en el segundo número; el cantante se desmayó antes de hablar con él... traía una fiebre de 40°C. Fue llevado a la Cruz Roja y el médico diagnosticó agotamiento general por las privaciones y angustias vividas desde semanas atrás. Se le recomendó reposo absoluto y tratamiento especial, pero el muchacho argumentó que no tenía recursos suficientes para medicamentos, ¡y mucho menos para reposar! El médico se conmovió, y con su ayuda y los cuidados de María Luisa superó el problema.

"En la XEB trabajaba Joaquín Pardavé, quien con su orquesta, amenizaba los eventos musicales de la radio; pronto hizo amistad con el muchacho y le ofreció nuevas oportunidades en el canto, era el año de 1940. Tiempo después, un amigo le presentó a Adolfo Girón, famoso compositor y director de orquesta, quien después de una prueba lo contrata para cantar en el elegante centro nocturno "Tap Room", del hotel Reforma. El cantante sinaloense seguía con sus clases de canto, y con la ayuda de María Luisa, mejoraba su dicción y su movimiento en el escenario. "

La pareja en cuestión cambiaría de residencia a la calle de Xola, en la colonia Del Valle. Casualmente, su vecina es íntima amiga de Carmen Barajas Sandoval, secretaria particular de Jorge Negrete.

La amiga en común se acerca a la señorita Barajas para solicitarle un favor: su jefe Jorge debe escuchar a ese muchacho que ha luchado contra tanta adversidad.

Carmen Barajas sabe que Jorge es incapaz de negarse a tal favor. Efectivamente, Negrete accede de muy buena gana y realiza una pequeña audición al prometedor cantante. El joven, muy nervioso como siempre, se presenta ante la gran figura del cine y deja escapar de su boca la canción *Nocturnal.*

Jorge queda encantado con la voz, pero más con la sencillez y carisma del muchacho, así es que le propone:

> *"Mira, Pedro, yo tengo el compromiso de hacer para los hermanos Rodríguez una película que es la continuación de* ¡Ay Jalisco no te rajes!, *pero no quiero hacerla. Te voy a recomendar con ellos para que la hagas tú."*

Curioso: "El ametralladora", personaje que había dado fama mundial a Jorge, serviría para que ese muchacho que el lector seguramente habrá descubierto de quién se trata, se lanzara al estrellato. Después de este film, Pedro Infante superaría las premuras económicas gracias a un contrato con los hermanos Rodríguez.

Sin duda, Negrete jamás imaginó los alcances de aquel cantante aventurero que había llegado de Sinaloa. La competencia era inminente. Al carisma, simpatía y buena voz de Pedro Infante, debía agregársele su juventud. Negrete ya padecía los estragos de su hígado, era una estrella que se acercaba a la decadencia. Algunos periodistas se han atrevido a asegurar que Jorge en *Un gallo en corral ajeno,* había tratado de imitar algunas actitudes de Pedro. Lo cierto, es que Negrete vivía sus mejores momentos en la ANDA y se había aliado con su gran amigo, Miguel Alemán Velasco, para fundar una productora cinematográfica: Tele Voz.

Negrete hizo caso a aquel dicho que asegura: "si no puedes vencer a tu enemigo únete a él."

Pedro le debía mucho al "charro-cantor" y siempre se mostró agradecido y respetuoso ante la figura del que alguna vez había sido su ídolo. Incluso, había grabado el *Corrido a Jorge Negrete* (tema que el barítono escuchó durante su estancia en España y que le hizo llorar).

Tele Voz tenía una estrategia mercadotécnica genial: filmar una película en la que el "charro-cantor" y el ídolo de Guamúchil compartieran estelares. Infante no pudo negarse a aceptar el papel de Pedro Malo, mientras que Negrete se hallaba muy conforme con su papel de Jorge Bueno.

Ismael Rodríguez, por su parte, fue el responsable de equilibrar esas dos grandes fuerzas. Si Jorge aventajaba a Pedro en voz, este último superaba a Negrete como actor. La armonía se logró evitando exhibir las debilidades de uno y otro. Además, la nobleza y lealtad de Jorge sirvieron para que todo funcionara a pedir de boca. En una escena en la que Jorge Bueno golpeaba alevosamente a Pedro Malo, Negrete se opuso al guionista Carlos Orellana:

"Perdón, Carlos. No, por favor, tienes que manejar esa escena de otra forma, como está es una escena humillante para Pedro y eso no me gusta. Además, la verdad es que él es un muchacho muy fuerte, que si me diera una trompada me dejaría listo. Yo soy más alto y doy la apariencia de ser más fuerte, pero no es cierto, él está más ponchado que yo.

—¿Y cómo quieres la escena? —preguntó Orellana.

—Ya hay bastante violencia verbal en ella. Suprime lo de la bofetada, creo que así estará mejor."

Gracias a esto, Pedro Malo y Jorge Bueno protagonizaron una de las películas más graciosas de nuestro cine. Ambos eran simpáticos y valentones, conquistadores y charros. Era lo que necesitaba el pueblo: un par de machos que rivalizaran, pero que en el fondo se entendieran.

La popularidad que lograron ambas estrellas a raíz del estreno de la cinta fue unánime. El público los solicitaba sin cesar. Fue necesario trasladar las actuaciones de la pantalla grande a los escenarios del teatro Lírico. La asistencia del público fue espectacular. Según Manuel Esperón, se abarrotaba en grados tan excesivos el teatro, que era necesario cerrar la calle de República de Cuba y desalojar a la gente por la calle de Donceles. Los admiradores de Pedro llenaban los segundos palcos y la Gayola, mientras que los de Negrete ocupaban la luneta y los primeros palcos. Esto nos describe con elocuencia qué sector de la población prefería a cada uno, y al mismo tiempo nos sugiere por qué Jorge y Pedro, aunque muy buenos compañeros en los escenarios, jamás llegaron a ser grandes amigos.

Me he de comer esa tuna

En capítulos anteriores, hemos hablado de la relación entre María Félix y Jorge Negrete. Según los biógrafos del primer encuentro entre Jorge y la que llegaría ser la "diva del cine nacional" se dio en el intermedio de alguna escena de la película *Caminos de ayer*. En aquellos tiempos María era esposa del cosmetólogo Enrique Álvarez y se hallaba por casualidad en las locaciones de la película. Pero dejemos que "La Doña" en este extracto de una entrevista a Waldemar Verdugo, nos ofrezca los detalles de su encuentro:

"No pienso servir de escalón a muchachas inexpertas que quieren hacer su carrera a mi amparo".

"... Lo conocí en Guadalajara. Yo debo haber tenido unos 14 o 15 años... a los 13 años decían que yo era una chica guapísima; había sido elegida reina de los estudiantes de Guadalajara. Ese año usé mis primeras medias largas y zapatos de tacón alto. Jorge había ido a trabajar a Guadalajara y estaba filmando unas escenas al aire libre. Fui con unas amigas a verlo y, cuando concluyó una escena, se acercó donde yo estaba y me dijo: 'Señorita, ¿le gustaría hacer cine?'. Yo me molesté que me hablara, aunque fuera un astro, porque era para mí un extraño. Y con mi pensamiento provinciano, le respondí: 'No me hable: soy casada.' Él replicó: 'No importa chula. No soy celoso.' Abochornada, me alejé rápidamente. Así lo conocí."

Como lo relatamos, el encuentro artístico entre Jorge y María se realizó durante la filmación de *El peñón de las ánimas*. Hablamos de la acre discusión entre las estrellas, pero la Félix tiene su propia versión:

"Cuando nos encontramos, él no recordaba, por supuesto, en lo más mínimo nuestro primer encuentro. Y yo no hice nada para recordárselo.

—¿Fue cuando filmaron *El peñón de las ánimas*?

—Así es. Yo había llegado a la ciudad de México absolutamente sola. Me había separado y me habían quitado a mi hijo. Por eso decidí trabajar mucho para juntar dinero y recuperarlo. Nada más guió los comienzos de mi carrera. Y no me preguntes absolutamente nada más de esto, porque no pienso responderte.

—Está bien. Entonces, ¿cómo transcurrió la filmación?

—Fue un tormento. Porque él era un astro y yo una desconocida. No me sentía segura porque era una novicia, pero estaba dispuesta a que nadie se diera cuenta de mi nerviosismo. Sí, estaba orgullosa, porque no todas las actrices inician su carrera filmando como coprotagonista del astro de moda. Aunque yo estaba dispuesta a no demostrar nada, porque, ya entonces, sabía que la mujer sumisa es tratada a "patadas". Cuando llegó el día que se firmaron los contratos y nos encontramos con Jorge frente a frente, lo primero que me dijo fue: '*Hablando a lo macho, no pienso servir de escalón a muchachas inexpertas que quieren hacer su carrera en el cine a mi amparo.*' Yo repliqué: '*Señor Negrete, hablando a lo hembra, admito que usted es muy bueno como cantante, pero como actor es malísimo. A ver si ahora aprende algo.*' Firmé de inmediato, me di media vuelta y me fui. Por supuesto que yo no sabía nada de actuación, ¿qué podía enseñarle? Yo de él aprendí mucho. Pero entonces él debe haberme creído porque firmó también.

—Se dice que durante la filmación tuvieron constantes peleas.

—Oh sí. Transcurrió con muchos disgustos. Movida por mi orgullo de india, asumí una actitud arrogante que, confieso, no se avenía con mi posición de novicia. Insistí en que mi vestuario fuera de lo mejor, cosa que ninguna artista mexicana había exigido antes. Consideré que la ropa que me habían diseñado era horrorosa, por lo que fui a la oficina del director y le dije: '*Quiero vestidos de seda.*' Miguel Zacarías me respondió, con toda razón, que mi papel era de campesina, y que las campesinas no usaban vestidos de seda. 'No importa', insistí, 'la ropa corriente es ropa corriente, y yo no quiero nada corriente para mi primera película'. Y salí de la oficina con aire majestuoso, pero pensando para mi adentro: 'Como éste se enoje, no sé qué voy a hacer. Quizás aquí concluya mi breve carrera en el cine.' Y me encerré en mi camerino. Sufrí como una hora, hasta que se presentó el jefe de producción con una tarjeta en la mano: 'Tome María. Vaya y compre la ropa que quiera.' Yo aún ni sabía los diálogos de memoria, pero había ganado la primera batalla: mi vestuario sería de lo mejor.

—¿Cómo iniciaron el rodaje?

—De inmediato tuvimos problemas con Jorge. Cuando llegó nuestra primera escena juntos, me presenté en el set muy acicalada, llena de ilusiones, y al pasar junto a Negrete, éste me dijo: *'Bueno, changa, vamos a trabajar.'* Por supuesto que yo no me sentía una mona y me puse furiosa. Le advertí: *'Me llamo María de los Ángeles. Si le molesta llamarme por mi nombre, no me nombre de ninguna manera... chango.'* Él no dijo nada, pero ya no tuvo ningún gesto amable conmigo. Cierto día me dieron un látigo para usarlo en escena contra él, y yo le asesté latigazos de verdad: 'Ahora tendrá razones para molestarme', le susurré. Así lo excusé después cada vez que me molestó, pero ya nada dije, porque yo le había dado latigazos que no fueron ficticios.

A pesar de los contratiempos, terminó todo bien, en un ambiente cordial; y todos, el director, los técnicos y el resto del elenco firmaron mi guión, según se acostumbra en el debut de una actriz. Todos firmaron, excepto Jorge."

¿Cómo dos estrellas tan disímiles y con aquellos graves antecedentes pudieron unirse en matrimonio?

Ésa es la pregunta más común que viene a la mente de los lectores suspicaces.

Algunos aseguran que se trató de una estrategia publicitaria, similar a *Dos tipos de cuidado*. Otros afirman que Jorge, en el año de 1952, sabía que su pésimo estado de salud no le serviría para vivir más de un año y que por ello se avocó a realizar cuanta película se le ofreciera y a buscar la mayor cantidad de vivencias posibles. Y sí, ese año fue vertiginoso.

La versión más romántica nos la ofrece la secretaria de Jorge, Carmen Barajas. Ella nos asegura que Víctor Junco, gran amigo de María Félix y de Negrete, recibió un telegrama en el que se informaba el regreso triunfal de "La Doña" después de su estancia en Argentina. Junco quiso compartir esta noticia con el presidente de la ANDA, así es que acudió de inmediato a sus oficinas para decirle:

—Mañana llega María Félix de la Argentina y voy a recibirla al aeropuerto...

—Bueno —respondió Jorge— me parece muy bien.

—Pero, ¿sabes?, quiero decirte que la asociación le dará una fiesta de bienvenida.

—¿Qué?, ¿pero por qué?

—Porque se lo merece. María ha triunfado en el extranjero y creo que debemos darle una calurosa bienvenida...

(Después de una fuerte discusión, Negrete accede.)

—Está bien, está bien. Ve a recibir a tu amiga y ofrécele una fiesta.

—Bueno —dijo Víctor Junco— pero por supuesto, tú también asistirás a ella, ¿verdad?

—No, eso sí que no. Tú sabes que no me siento bien, ni tampoco tengo humor para festejos.

Después de mucho insistir, Víctor Junco logró que Jorge aceptara; y no sólo eso, sino que consiguió que el mismo Negrete encabezara la comitiva de recepción. Con un ramo de flores en mano, Jorge recibió a la diva. Supuestamente, éste fue uno de los primeros detalles que enamoró a la Félix.

El club nocturno Capri fue la sede de la fiesta de bienvenida. Allí Jorge llegó de la mano de "La Doña". Se dice que durante aquella velada no pararon de platicar y de sonreírse. Para coronar la celebración, Jorge entonó la famosa composición de José Alfredo Jiménez, *Ella*.

Otros aseguran que el amorío entre ambas estrellas fue motivado por Jorge para vengarse de Gloria Marín, quien en una ocasión le había advertido: "Yo te pasaría todo, menos que me cambiaras por María Félix."

Sea como fuere el noviazgo, fue tan expedito como el matrimonio. La boda fue todo un *show*, incluso el canal 5 compró los derechos para transmitir el compromiso, pero una falla técnica evitó que la boda llegara en vivo y en directo a los hogares de los espectadores. La finca de Catipoato, un ex convento ubicado en Tlalpan, propiedad de María Félix, fue la sede de este espectacular evento. Hubo más de 500 invitados, entre los que se podían contar artistas plásticos, escritores, actores, directores, cómicos, etc. El pueblo, por supuesto, tuvo que conformarse con ver desde las bardas de la hacienda a sus grandes ídolos. Como lo muestran las grabaciones de aquellos tiempos, Jorge portaba el traje de gala de los charros con un enorme moño blanco. María, por su parte, portaba un vestido blanco similar al que había utilizado en *Enamorada*. Era la pareja perfecta: el descendiente de aristócratas, franco y arrogante, y el prototipo de la mujer moderna, firme, altiva y de una inteligencia muy pretenciosa.

Es cotidiano encontrarse en la historia de la humanidad a personajes que han buscado la muerte mediante actos heroicos, por rebeldía a un sistema o por defender sus ideales. Pero existe otra clase de seres, a los que jamás entenderemos, que se convierten en el mejor aliado de sus males. Jorge tuvo una infinidad de oportunidades para atender su mal hepático, para ser atendido en la mejor clínica de México o del mundo y recuperar su salud, pues era un hombre joven. Pero jamás mostró preocupación por su estado de salud. Ya se fugaba de los hospitales, ya trabajaba en exceso, o bien, daba preferencia a los conflictos de la ANDA. Si en alguna ocasión se sentía mal, en cuanto experimentaba una ligera mejoría regresaba a los escenarios.

En la película más ambiciosa del cine mexicano: *Reportaje*, producida por Tele Voz, PECIME y la ANDA, la salud de Jorge empeoró. El filme reunía a las estrellas del momento: Tin Tan, Pedro Infante, Columba Domínguez, los hermanos Soler y muchos más. Todos ellos compartieron escenarios con un Negrete que se veía demacrado y débil. Incluso, cuando el Presidente Ruiz Cortines lo recibió en Los Pinos, le advirtió que cuidara su salud, pero el "charro-cantor", además de orgulloso, era testarudo y prefirió rodar *El rapto,* que guardar reposo en cama.

Ésta era una historia desarrollada en el pueblo de Santiago de Alfaro. Se trata de un relato alegórico a la figura de su director, "El Indio" Fernández. El protagonista del filme se ve amenazado de perder su propiedad, misma situación que vivía en aquellos momentos el afamado director. Fernández había dedicado mucho tiempo, dinero y esfuerzo a construir y mantener la mansión de la calle Dulce Olivia, en Coyoacán, un edificio hecho a su medida, imagen y semejanza, con amplios espacios, obras de arte y sus iniciales grabadas por todas partes. Perderla —como la pierde Ricardo Alfaro, protagonista de *El rapto*— hubiera sido un golpe muy duro para el realizador. La residencia de "El Indio" sirvió para rodar las escenas principales de la película. Según el comentario de Emilio García Riera:

> "*El rapto* expresó el miedo del Indio a perder su casa, en el plano real, y su puesto en el cine mexicano en el simbólico. Y quizá Fausto Carrillo tuvo razón, en el texto transcrito al comienzo de esta noticia de *El rapto,* al señalar lo que su casa —"su fortaleza"— representó para "El Indio": el fin de la aventura y el comienzo de la aprehensión propietaria. "El Indio" perdería su puesto en el cine mexicano, si es que no lo había perdido ya al hacer *El rapto* (la crítica elogiaba ya más que a él a Roberto Gavaldón, y la extranjera más culta a Luis Buñuel); en cambio, conservaría su casa hasta la muerte."

Lo cierto, es que la cinta representó la despedida de Jorge de la pantalla grande. Durante el rodaje, Negrete sufrió terribles trastornos estomacales y algunos desmayos. Jorge se empecinó en terminar el filme. Lo peor, es que su sacrificio no tuvo respuesta. *El rapto* resultó un fracaso en taquilla.

La hepatitis que alguna vez tiró en cama a Jorge Negrete, había derivado en cirrosis. De muy poco servirían los tratamientos, la nueva enfermedad era irreversible y mortal.

El charro mexicano

La diva del cine nacional, María Félix, además de ser una mujer orgullosa de su raza y de su condición femenina era, en muy buen grado, un ser con metas puramente materialistas.

Mientas Jorge trataba de recuperarse en el hospital donde fue internado a raíz de sus desmayos en *El rapto,* María centraba su atención en París. En esa ciudad se le había ofrecido una oferta para filmar *La bella otero*. A "La Doña" no le fue difícil obedecer a su marido, ya que Jorge le había ordenado que no detuviera su carrera por culpa de sus males. Tal parece que María Félix lo tomó muy en serio, pues en una ocasión asistió al hospital con el fin de pedirle a Jorge dinero suficiente para comprarse unos cuantos vestidos mexicanos.

Si el hígado le provocaba intensas hemorragias al "charro-cantor", no era muy distinta la labor de "La Doña". Ésta lo sangraba económicamente a más no poder.

Ya en París, Félix recibió la noticia de que su marido había empeorado, así es que debió regresar a México. Pero al arribar a nuestra patria, recibió una noticia que le pareció más trágica: la inmobiliaria que le había prestado 150 mil pesos para adquirir la finca de Catipoato, la amenazaba con el embargo debido a su deuda.

Para María Félix lo más cómodo fue pedirle a su marido un préstamo. Negrete no pudo negarse a la solicitud de su bella esposa, incluso desde su cama, hizo todos los trámites necesarios para que la casa de sus queridos padres quedara hipotecada con el fin de saldar la deuda de la diva.

El aspecto del que alguna vez fuera el gran galán de Latinoamérica, era terrible. Pálido, demacrado y con una pérdida de kilos que se le notaba a leguas, no dejaba de elucubrar proyectos y nuevos viajes. Su entusiasmo sobraba, pero su salud no era un buen aliado.

En cuanto el "charro-cantor" tuvo las suficientes fuerzas para caminar, se dio a sí mismo de alta, como era su costumbre. Los doctores de la Central Médica no se opusieron, pues sabían que su caso estaba perdido.

Jorge debía recuperar el dinero "prestado" a su esposa. Para ello, cuando el empresario Frank Fouce le ofreció una temporada en el Million Dollar de Los Angeles, Negrete aceptó sin reparar en su salud. Esta nueva aventura sería el tiro de gracia para su hígado enfermo.

Existen fotos de aquella época que nos muestran a un Jorge casi cadavérico, que se despide del público mexicano en el aeropuerto. Las gafas oscuras, que entonces solía portar, escondían una mirada apagada y un cuanto triste.

Le peor estaba por venir. En cuanto Jorge llegó a Los Angeles, Joe Herrera, su representante en la Unión Americana, le propuso asistir a una función de boxeo, en la cual participaría el pugilista mexicano Raúl "Ratón" Macías. Jorge vitoreaba a nuestro compatriota a pesar de que era vapuleado por un contrincante estadounidense. Negrete continuó alentando al boxeador mexicano el cual inexplicablemente se recuperó para noquear a su rival.

Jorge se encontraba muy entusiasmado, pero de pronto su hígado comenzó a reclamarle aquella osadía. Cuando el dolor hepático fue insoportable tuvo que confesarle a Joe:

—"Me siento un poco mal."

Herrera le sugirió que salieran de las gradas y Jorge aceptó. Muy cerca de la salida Negrete cayó al suelo y comenzó a vomitar sangre. Joe Herrera quiso ayudarle a reincorporarse, pero el orgulloso Jorge se levantó por su propia cuenta haciendo esfuerzos inhumanos.

Pronto llegaron a la calle y al automóvil del representante. De pronto, una segunda hemorragia atacó a Jorge. Fue tal la intensidad del sangrado, que el "charro-cantor" perdió el conocimiento. El hospital más reconocido y cercano era el Cedros, del Líbano. Joe llamó a la ambulancia para que se trasladase hasta allí al enfermo.

La noticia de que Jorge había ingresado a una clínica estadounidense se esparció gracias a las agencias periodísticas de ese país. Pronto, la terrible nota llegó a México: Jorge se encontraba muy grave. De inmediato David, su hermano, se trasladó a Los Angeles.

Cuando el mayor de los Negrete arribó al hospital Cedros, Jorge había recuperado la conciencia. En el momento en que éste vio aparecer a David en su cuarto, bromeó:

"Yo no me quiero morir, todavía tengo muchas cosas que hacer".

"Yo no me quiero morir, todavía tengo muchas cosas que hacer. Además, de morirme, quiero que sea en México, pero no lo pienso hacer, ¿sabes?"

Después llegaron doña Emilia, Consuelo Negrete y, por supuesto, María Félix. En el colmo de la avaricia, la diva, en cuanto arribó al hospital, exigió todas las pertenencias de valor con las que Jorge había sido internado.

Aunque, a favor de "La Doña", debe decirse que acompañó en sus últimos momentos a Jorge quien, por cierto, había cumplido 42 años en el mismo hospital. Éstas son algunas palabras de María Félix que los periódicos de la época publicaron; mismas que nos permiten vislumbrar los últimos momentos del "charro-cantor":

"Ayer a mediodía, Jorge perdió el conocimiento. Después de una ligera mejoría en su salud, nuevamente sufrió una intensa hemorragia. Después de esto, no volvió a reconocer a nadie y le tuvo que ser aplicada la cámara de oxígeno."

Al fin, el 5 de diciembre de 1953, Jorge dejaba este mundo, y con ello perdía su último reto: sobrevivir.

A las 13:50 de ese día, Francisco Castellanos, contador general de la Asociación Nacional de Actores, quien había llegado al hospital Cedros, comunicaba a José Pulido, oficial mayor de la agrupación artística la fatal noticia.

La terrible nota se expandió como reguero de pólvora. En menos de 15 minutos comenzaron a llegar los curiosos a las oficinas de la ANDA.

La noche de ese 5 de diciembre fatídico, el cadáver de Jorge fue velado en la Agencia Cunningham and Connor, de Los Angeles. Aunque se encontraba lejos de su patria, fue visitado por miles de personas. María, por su parte, apareció en la funeraria vestida con un pantalón negro, lo cual escandalizó a los familiares de Jorge. "La Doña" evadía las miradas rencorosas de la familia Negrete, gracias a unas gafas oscuras.

De inmediato, las autoridades mexicanas, comandadas por el Presidente Ruiz Cortines, ofrecieron un avión de la Secretaría de Agricultura para que la familia Negrete pudiera transportar el cadáver. Pero, al fin aristócratas, se negaron a acompañar al ataúd en un aeroplano que por asientos tenía bancas. Ante la negativa, el gobierno mexicano debió ofrecer un avión digno de tal personalidad. "La Doña", antes de salir de aquella ciudad norteamericana, se dedicó a comprar todo lo que pudo, desde aparatos electrónicos hasta cigarrillos y juguetes.

El 7 de diciembre, el avión se encontraba sobre la ciudad de México. Por cierto, el clima era tan adverso, que el transporte tuvo que dar vueltas por más de tres horas antes de aterrizar. ¡Más de 5,0000 personas esperaban el cádaver del "charro-cantor" en las instalaciones del aeropuerto Benito Juárez!

Ya en tierra, se formó un cortejo fúnebre que llevaría el cuerpo a las oficinas de la ANDA. Claro, la caravana tuvo que recorrer las principales calles de nuestra ciudad. Según los cálculos, 500 mil personas vieron el ataúd de Jorge a lo largo de calles y avenidas. Una cifra impresionante, si recordamos que en aquel entonces, el Distrito Federal tenía, apenas, tres millones de habitantes.

Por fin, el cortejo llegó a la ANDA, en lo que hoy conocemos como el teatro Jorge Negrete. Durante todo el día el pueblo se agolpó para ver a su ídolo, en una muestra tanto de cariño como de morbo, que se repetiría en la desaparición de Pedro Infante.

El 8 de diciembre, se debía enterrar al "charro-cantor". El panteón Jardín fue el lugar señalado para que sus restos descansaran en paz. Ese día fue memorable por el caos y el escándalo.

Mario Moreno tuvo el atrevimiento de presentarse. Se cuenta que al abordar la limosina donde los familiares y la viuda viajaban, éstos lo recibieron con muy mala cara. Incluso "La Doña" le pidió al "Mimo" que se bajara del automóvil. Sin tomarse muy en serio el reclamo, "Cantinflas" se trasladó al asiento delantero del auto; aunque después, sin duda invadido por el remordimiento, tuvo que descender para acompañar la caravana a pie.

El féretro del gran barítono era cargado por Fernando Soler, Ramón Armengod, José Elías Moreno y Miguel Alemán Velasco, hombres claves en su vida.

Pero como en la muerte de toda estrella, ocurrieron hechos que llenaron las planas de los periódicos sensacionalistas. Unos afirmaban que Jorge había muerto en la miseria, otros destacaban los pleitos entre la viuda y la familia Negrete.

"La Doña", se negó a pagar el "préstamo" que su esposo le había dado para mantener la finca de Catipoato. En venganza, David Negrete se había apropiado de un cofre lleno de monedas antiguas valiosísimas, propiedad de la diva.

Además, la tragedia se extendió a la vida de otras familias. En Cúcuta, Colombia, una joven de tan sólo 16 años, se suicidó. En su carta póstuma preguntaba:

"¿Para qué quiero la vida sin Jorge?"

El fanatismo se vio reflejado, por supuesto, en nuestro país, donde Enedina Granados, admiradora del "charro-cantor", saltó de un sexto piso.

La noticia llegó a España y a Cuba, países que junto con Argentina se disputaban el honor de ser la segunda patria de Negrete. En cada una de estas naciones las muestras de duelo y los homenajes fueron extraordinarios. El siguiente extracto tomado de Cinema Reporter, nos habla del impacto que la noticia causó en la Madre Patria:

> "La noticia del fallecimiento del artista mexicano, Jorge Negrete, fue conocida en Madrid a las 11 de la noche del pasado sábado 5 del mes actual. Y fue comunicado por los micrófonos de Radio Madrid por el primer galán del cine de habla castellana, Jorge Mistral, a todos

los españoles guardándose un minuto de silencio por tan tristes nuevas que produjo una honda impresión, ya que Negrete era muy popular y apreciado en nuestra patria.

En la Iglesia de Calatrava, el miércoles 7 a la una de la tarde y por iniciativa de Jorge Mistral, se celebró un solemne acto religioso, al que asistió una verdadera muchedumbre, sin que faltara ninguno de la familia cinematográfica madrileña... Carmen Sevilla, Lola Flores, Rubén Roo, Fernando Rey, Otto Sirgo, Miguel Ligero, Carlos Villarías y el director, Ramón Torrado, entre otros, rezaron por la memoria del "charro-cantor.' "

Otras dos notas tomadas de la misma publicación, nos muestra el cariño con el cual el público cubano adoraba a Jorge. La segunda nos proporciona algunos detalles interesantes del "charro-cantor" mientras convalecía en la Central Médica:

"El ídolo caído en plena juventud y en pleno triunfo artístico (sic). Fue dolor hondo en Cuba la muerte de Jorge Negrete. Sus visitas y actuaciones triunfales en la patria han sido siempre inolvidables. Además, a Negrete se le quería en Cuba como un cubano más. Su desaparición tenía que ser un dolor cubano..."

El ahijado de la muerte

"Para Cuba es una gran pérdida. Negrete, después de mexicano, era cubano. Aquí estuvo en los inicios de su carrera teatral, cantando canciones de su tierra y de todas las tierras con aquel ímpetu que le era peculiar, interpretando revistas y operetas, haciendo, en fin, cuanto sabía hacer para inyectar un poco de romanticismo a las gentes. Aquí lo conocimos cuando era un bisoño del arte, cuando había que presentárselo al público; cuando se hacía furiosamente una personalidad. Fatigando los tablados. Y aquí lo aplaudimos más tarde en el cenit de su carrera, cuando tenía que ir por la calle acompañado de policías para que sus legiones de admiradoras no se le echasen encima...

"Tenemos una impresión reciente del astro desaparecido. En nuestro viaje a México con motivo del congreso de Prensa, lo visitamos en su lecho en la Central Médica. Lo encontramos flaco, envejecido, macilento el rostro, crecida la barba. En sus ojos brillaba la fiebre. Nos saludó con su acostumbrada cordialidad y nos habló con mucho entusiasmo de sus proyectos para cuando fuera dado de alta. El más importante de todos tenía algo que ver con Cuba. Negrete quería hacer una película sobre la vida de Ignacio Agramonte. Le seducía el personaje. Nos probó que conocía muy bien su vida. Y nos preguntó naturalmente si esa iniciativa suya sería bien recibida en nuestra patria.

"Nosotros pensamos al punto, en el feo chouvinismo que se ha apoderado de algunos sectores de nuestra opinión pública. Nos acordamos de la oposición de rodar una película de Martí en México y en Cuba, con un actor cubano y otro mexicano en las dos etapas de la vida del Apóstol. Nos vino a la mente la incivil campaña contra Roberto Cañedo por el delito de poner toda su inspiración artística y todo su fervor de mexicano devoto de Martí al servicio de ese personaje. Si el Martí de Cañedo ha sido acogido con vituperio por personas que se dicen martinianos, ¿cómo hubiera sido acogido el Ignacio Agramonte de Negrete?

"No quisimos, sin embargo, desilusionar al animoso actor devorado por una enfermedad agotadora. Le elogiamos el proyecto, le dijimos que toda Cuba se lo aplaudiría. La mentira piadosa es una forma de caridad. Ahora que Negrete ha muerto, podemos decirlo, sin temor a las furias de los ultranacionalistas que nos salgan al paso. Para nosotros, a fuerza de ser cubanos, es un honor que este artista haya tenido entre sus sueños finales el de encarnar la figura del Boyardo camagüeyano.

" Salimos de la clínica mal impresionados. Al pasar por la sala de apartamientos que ocupaba el actor, vimos el gran tren eléctrico con el cual se entretenía (regalo de Pedro Infante).

"Cuando leímos que Jorge había partido para Hollywood nos quedamos sorprendidos. La fuerte naturaleza del artista había obrado un milagro. Ahora vemos que era un simple espejismo. Negrete fue a la Meca del Cine para despedirse del mundo. Su viaje tuvo algo de ritual. Ha sido el viaje del auténtico peregrino del cine, del que busca el gran escenario para la escena siempre comprometida con la muerte."

Por supuesto, nuestro país encabeza la lista de notas y homenajes a propósito del gran barítono. Esto fue lo que sucedió en el primer aniversario de su muerte, según *Cine Mundial*:

"'Estremecido con su recuerdo, venimos a reiterar frente a su túmulo el indeclinable propósito de continuar la senda por él trazada, luminoso camino, como el más limpio, pagó en gratitud que nos conduce a obrar con ánimo de humanas esperanzas.'

"Estas palabras fueron pronunciadas ayer por el secretario general de la ANDA, Rodolfo Landa, ante cerca de 1,000 personas que se encontraron en el panteón Jardín para rendir homenaje al inolvidable astro de la pantalla, Jorge Negrete, en ocasión del primer aniversario de su fallecimiento.

"La ceremonia organizada por la ANDA en memoria de su desaparecido dirigente, adquirió emocionantes reacciones desde su principio hasta el fin, siendo el momento más lacerante cuando un grupo de cantantes, tríos y mariachis, interpretaron *Las Mañanitas*. Las lágrimas que se regaron el año anterior, cuando Jorge fue sepultado, volvieron a los rostros de sus compañeros y del pueblo en general. Es obvio señalar que los familiares de Jorge, presentes en el acto, también lloraron.

"A las 10:10 horas, el presbítero José B. Landa, ofició una misa cerca de la tumba de Jorge.

"Atendían a sus movimientos la señora Emilia Moreno viuda de Negrete, madre de Jorge, la pequeña hija del actor, Diana Negrete y los hermanos del desaparecido: David, Teresa, Emilia y Consuelo. Asimismo, tías y sobrinas de Jorge.

"Terminada la misa, el presbítero bendijo el monumento a Jorge, construido por la ANDA.

"Cerca de la tumba de Negrete habían sido colocados ofrendas florales de la Central Médica, Federación Teatral y otras asociaciones.

"A continuación, empezó la ceremonia. La Banda Sinfónica de la Secretaría de Marina, interpretó *Angelus,* de Massenet.

"Luego hizo uso de la palabra el secretario general del comité central del Sindicato de Trabajadores de la Producción Cinematográfica, José Rodríguez Granado. Dijo que hace poco tiempo la noticia de un infausto acontecimiento sacudió profundamente nuestras fibras más sensibles...

"Y llegó el momento más emocionante. Miguel Aceves Mejía, Roberto G. Rivera, Julio Aldama, Chucho Muñoz, el Trío Los Calaveras, Tony Aguilar, Vicen-

Jorge Negrete fue a Hollywood a despedirse del mundo del cine.

te Bergman, el Trío Tamaulipeco, el Trío Aguilillas, el Trío Los Mexicanos, el Trío Los Piratas, el Mariachi Vargas, el Mariachi Santana, el Mariachi Pulido y otros, bajo la dirección del maestro Esperón, cantaron *Las Mañanitas*.

"El llanto no pudo contenerse. Se cantó *Cocula, el Corrido de Jorge Negrete, ¡Ay Jalisco no te rajes!, Adiós Jorge Negrete,* ésta interpretada simultáneamente por Roberto G. Rivera y el Trío Los Mexicanos, autores de la canción, y finalmente *Las golondrinas*.

...

"Entre los asistentes, localizamos en primer término, a los integrantes de la comisión ejecutiva de la ANDA, Rodolfo Landa, Víctor Junco, Víctor Parra, José Elías Moreno, José Ángel Espinosa, Manolo Fábregas, Ernesto Finance, Carlos Riquelme, Roberto Y. Palacios, Armando Velasco, Julián García, Arturo Soto Rangel.

"Igualmente se encontraban María Elena Marqués, Miguel Torruco, Julio Villarreal, Sara García, Silvia Derbez, Luis Aceves Castañeda, Crox Alvarado, José Pulido, Fernando Casanova, Martha Roth, Emma Roldán, Víctor Manuel Mendoza, Fanny Schiller, Pascual García Peña, Antonio Espino, Esperanza Issa, Manuel Arvide, quien pronunció también unas palabras, Felipe de Alba, Joaquín Pardavé, Gloria Alonso, Andrés Soler, Ramón Armengod, René Cardona, Armando Sáenz, Carlos Múzquiz, Domingo Soler, el director teatral, André Moreau, el director cinematográfico, Ramón Peón, Chula Prieta y muchos más."

En épocas contemporáneas se le han rendido todo tipo de tributos alrededor del mundo. Algunos de ellos tan curiosos, como el que se le ofreció hace poco en Costa Rica.

En este país, las pintoras mexicanas Teresa Castellanos y Ana Broenimann, exhibieron durante dos meses una selección de obras dedicadas al "charro-cantor".

Plácido Domingo, el famoso cantante de ópera español, ha hecho su propio homenaje al "charro-cantor". En el año de 1999 apareció la siguiente nota la cual es un gran halago a la figura del desaparecido barítono:

PLÁCIDO DOMINGO ANHELABA SER JORGE NEGRETE

CUMPLE PLÁCIDO DOMINGO SU SUEÑO DE SER JORGE NEGRETE EN SU DISCO DE CANCIONES RANCHERAS "100 AÑOS DE MARIACHI"

Notimex (17-12-1999). Madrid.- El tenor Plácido Domingo presentó hoy su disco "100 años de Mariachi", un tributo a la música popular mexicana, con la que enamoró a su mujer, y con el que cumple su sueño de llegar a ser algún día Jorge Negrete.

"El artista hispano-mexicano presentó en Casa de América este trabajo hace más de un mes en las tiendas, y por el que recibió en el mismo acto el disco de oro (50 mil copias vendidas), acompañado por el embajador de México en España, Juan José Bremer.

"Ante los numerosos periodistas allí congregados, Plácido recordó los 'grandes y profundos lazos y vínculos' que le unen a México, a sus gentes y culturas, por lo que 'siento este disco como un trabajo muy especial'.

"El tenor recordó que antes de viajar a México, donde llegó con ocho años, vio una película en la que salía el cantante charro, Jorge Negrete, que le causó tal "impacto", que sus padres, por entonces establecidos en México, le mandaron una foto de Negrete dedicada.

"'El impacto que me provocó Jorge Negrete fue muy fuerte. Era el cantante de más éxito, y soñaba con llegar a ser algún día un cantante de rancheras como él', dijo Plácido quien recordó cómo más tarde su carrera se encaminó hacia la zarzuela, y finalmente a la ópera.

"'Hace 10 o 12 años comencé a tener caprichos', dijo el tenor, quien señaló que por ello grabó varios discos de música popular latina (tangos, boleros, música cubana), pero no se atrevió con las rancheras porque tenía mucho respeto a aquella música que me llegaba tanto".

El momento oportuno para dar el paso, fue la conmemoración del centenario del nacimiento de El Mariachi, que se celebra este año.

Para acercarse a este género, el tenor señaló que "he tenido que cantar con mi voz, pero poniendo todo el sentimiento que las rancheras contienen", y destacó que "no sólo la música es bellísima, también te quedas admirado por la belleza de las letras".

...

El cantante elogió la enorme calidad de la música popular de Latinoamérica, y dijo que si quisiera grabarla toda, necesitaría una vida, mientras que para recoger la música mexicana de calidad, de todo tipo, serían necesarios 10 discos.

...

"El disco (editado por EMI) contiene 16 canciones, entre las que destacan las popularizadas por Negrete: *Yo soy mexicano, ¡Ay, Jalisco no te rajes!,* y *Tequila con limón;* y otras del autor José Alfredo Jiménez como *Ella, Cuando sale la luna* o *Amanecí en tus brazos."*

En el año de 2003 con motivo del 50 aniversario de su muerte, se realizó un magno homenaje encabezado por su hija, Diana Negrete. Además, la Cineteca Nacional abrió sus puertas para un ciclo de películas del ídolo latinoamericano.

Humberto Cravioto fue el encargado de cantar en el teatro Jorge Negrete ante los restos del desaparecido barítono.

Como colofón de estas celebraciones, se ofreció una charreada en el lienzo "Javier Rojo Gómez", en el que actuaron Lizzet, Carolina de Holanda y Gabriel Navarro.

Quizá su hija Diana, es la que puede despedir de mejor forma esta biografía. En el 50 aniversario de la muerte de su padre, hizo publicar la siguiente oda que sintetiza la vida y obra del artista:

A mi padre

Con el sincero amor que mi corazón siente por ti, vengo esta clara mañana ante tu tumba para brindarte un pensamiento, una flor, una canción.

Aquí yacen tus restos mortales, la vestidura que te acompañó en tu paso por el mundo.

Mas tu esencia, la chispa Divina, el espíritu infinito que animó tu ser, vive en regiones etéreas.

Ese espíritu que nos es dado por Dios Nuestro Padre y Creador, que está por encima de todas las cosas.

Él guió tu andar por la vida, a la cual serviste como hijo sin igual, como comprensivo hermano y como padre ejemplar.

Como todo ser humano tuviste fallas y aciertos,
mas ese gran corazón que la Vida a ti te dio,
te impulsó a que lucharas por tu siempre muy querido gremio de artistas, cantantes, bailarines y coristas, actor de carpa y de
teatro... para ti todo era igual,
desde el más humilde actor hasta la encumbrada estrella
los defendiste, alentaste, luchaste sin descansar hasta lograr la
creación del Sindicato de Cine y la reestructuración de tu bien amada ANDA, que fue tu sueño ideal.

Puedes sentirte orgulloso, pues cumpliste tu misión, y hoy reunidos aquí estamos con cariño verdadero nacido del corazón, para brindarte con cantos nuestra sentida oración.

Yo como tu hija que te amo, te recuerdo sin cesar, y venero tu memoria por ser un hombre cabal,
militar y caballero, charro y líder sindical y humildemente te canto con todo mi amor filial,
uniendo mi sentimiento a este pueblo mexicano que te quiere y que te
admira con un fervor sin igual y
te encumbró hasta la cima de ídolo nacional.
Con tu presencia y tus cantos también lograste llegar al corazón de tu
Cuba, Chile, España, Argentina, Venezuela, Puerto Rico y Uruguay.
No hubo rincón de América que no vibrara al escucharte cantar.
Hoy en la dimensión que te hallas en tu forma inmaterial,
continúas por el sendero del amor y de la paz.
Gracias te doy padre mío por lo que aprendí de ti.
y espero verte muy pronto cuando parta de este mundo terrenal,
para decirte que te amo y no te puedo olvidar.

Tu hija: Diana
5 de diciembre de 2003

Filmografía completa de Jorge Negrete

1937 **La madrina del diablo**

Producción: Gonzalo Varela

Dirección: Ramón Peón

Fotografía: Alex Philips

Reparto: Jorge Negrete, María Fernanda Ibáñez, Miguel Manzano, María Calvo, Consuelo Segarra.

Sinopsis: Es la historia de un joven chinaco, el cual se enamora de una joven novicia (María Fernanda Ibáñez). La historia tiene como base de inspiración a la afamada obra don Juan Tenorio.

1938 **La Valentina**

Producción: Gonzalo Varela

Dirección: Martín de Lucenay

Fotografía: Jack Draper

Reparto: Jorge Negrete, Esperanza Baur, Raúl de Anda, José Martínez Griffel, Roberto Palacios, Elisa Christy y David Negrete.

Sinopsis: La trama se desarrolla durante la Revolución Mexicana. Se trata de un episodio imaginario en la vida de "la Valentina".

1938 **Caminos de ayer**

Producción: Cifesa

Dirección: Quirico Michelena

Fotografía: Agustín Jiménez

Reparto: Jorge Negrete, Carmen Hermosillo, Eduardo Arozamena, Amelia Whilhelmy, María Gentil Arcos y Guadalupe "La Chinaca".

Sinopsis: Es la historia de un joven "dandy" que abusa de una muchacha. Al final, el vanidoso protagonista se regenera.

1938 **Perjura**

Producción: CISA

Dirección: Raphael J. Sevilla

Reparto: Jorge Negrete, Marina Tamayo, Sara García, Elena D'Orgaz, Luis G. Barreiro, Eduardo Arozamena.

Sinopsis: Se trata de un melodrama protagonizado por personajes de la clase alta de nuestro país. La película recrea los paisajes de principios del Siglo XX.

1938 **Aquí llegó el valentón (el fanfarrón)**

Producción: Alfonso Sánchez Tello

Dirección: Fernando A. Rivero

Fotografía: Jack Draper

Reparto: Jorge Negrete, María Luisa Zea, Magda Haller, Emilio "Indio" Fernández, Armando Soto "El Chicote" y Pedro Galindo.

Sinopsis: Es la historia de un joven que disputa el amor de una muchacha. Se desarrolla en escenarios campiranos.

1938 **Juan sin miedo**

Producción: Alfonso Sánchez Tello

Dirección: Juan José Segura

Fotografía: Jack Draper

Reparto: Jorge Negrete, María Luisa Zea, Juan Silveti, Emilio "Indio" Fernández, Armando Soto "El Chicote" y Enrique Cancino.

Sinopsis: Es la historia de un torero retirado, "Juan sin miedo", y de su hijo, que además de todo, es un gran charro. El atractivo de esta película son las carreras de caballos al estilo campirano.

1938 **Juntos pero no revueltos**

Producción: Alfonso Sánchez Tello

Dirección: Fernando A. Rivero

Fotografía: Jack Draper

Reparto: Jorge Negrete, Rafael Falcón, Susana Guízar, Elisa Christy, Armando Soto "El Chicote", Agustín Isunza y Manuel Esperón.

Sinopsis: Esta cinta de enredos, narra las peripecias de dos amigos inseparables y de sus novias.

1938 **El cementerio de las águilas**

Producción: Aztla Films

Dirección: Luis Lezama

Fotografía: Ezequiel Carrasco

Reparto: Jorge Negrete, Margarita Mora, José Masip, Adela Jaloma, Celia D'Alarcón, Ricardo Mondragón, Lolo Trollo, José Martínez Griffel y Miguel Inclán.

Sinopsis: Película histórica, basada en el episodio protagonizado por los Niños Héroes durante la intervención norteamericana.

1941 **¡Ay Jalisco no te rajes!**

Producción: Rodríguez Hermanos

Dirección: Joselito Rodríguez

Fotografía: Alex Philips

Reparto: Jorge Negrete, Gloria Marín, Carlos López "Chaflán", Ángel Garaza, Antonio Badú, Evita Muñoz "Chachita", Víctor Manuel Mendoza, Miguel Inclán y Arnotnio Bravo.

Sinopsis: Es la historia de un joven que busca vengar la muerte de sus padres. A través de sus crímenes se hace temer en el pueblo donde se desarrolla la historia.

1941 **Seda, sangre y sol**

Producción: José Luis Calderón

Dirección: Fernando A. Rivero

Fotografía: Ross Fisher

Reparto: Jorge Negrete, Gloria Marín, José Ortiz, Florencio Castelló y Arturo Soto Rangel.

Sinopsis: Es una historia que narra las peripecias de quienes se encuentran en el medio taurino, así como los amoríos de los toreros.

1942 **Cuando viajan las estrellas**

Producción: Clasa Films Mundiales

Dirección: Alberto Gout

Fotografía: Gabriel Figueroa

Reparto: Jorge Negrete, Raquel Rojas, Ángel Garaza, Domingo Soler, Consuelo Guerrero de Luna y Alfredo Varela.

Sinopsis: Una famosa bailarina norteamericana viene a México para aprender a bailar flamenco, y lo hace cuando se enamora de un mexicano, dueño de un rancho.

1942 **Historia de un gran amor**

Producciòn: Clasa Films Mundiales

Dirección: Julio Bracho

Fotografía: Gabriel Figueroa

Reparto: Jorge Negrete, Gloria Marín, Domingo Soler, Sara García, Julio Villarreal, Miguel Ángel Ferriz, Andrés Soler, Ernesto Alonso y Fanny Schiller.

Sinopsis: Es la tradicional historia de amor. Una pareja se ama desde niños, pero el padre de ella se opone. Cuando el niño crece y hace dinero, regresa por su amada, pero ésta es asesinada por un enamorado.

1942 **Así se quiere en Jalisco**

Producción: Grovas, S. A.

Dirección: Fernando de Fuentes

Fotografía: Agustín Martínez Solares

Reparto: Jorge Negrete, María Elena Marqués, Carlos López Moctezuma, Florencio Castelló y Dolores Camarillo.

Sinopsis: La historia de un joven campirano que disputa el amor de una rancherita contra el patrón del rancho.

1942 **El peñón de las ánimas**

Producción: Grovas, S. A.

Dirección: Miguel Zacarías

Fotografía: Víctor Herrera

Reparto: Jorge Negrete, María Félix, Carlos Lopez Moctezuma, Miguel Ángel Ferriz y Virginia Manzano.

Sinopsis: Es la historia de dos familias que se odian por generaciones. Como Romeo y Julieta, los hijos de ambas familias se enamoran. Al igual que los personajes de Shakespeare, los dos mueren al final.

1942 **Tierra de pasiones**

Producción. Cimesa

Dirección: José Benavides

Fotografía: Agustín Martínez Solares

Reparto: Jorge Negrete, Margarita Mora, Pedro Armendáriz, José Baviera, Margarita Cortés y Carlos Orellana.

Sinopsis: Historia que relata una antigua costumbre del istmo de Tehuantepec.

1943 **El jorobado**

Producción. Films Intercontinental

Dirección: Jaime Salvador

Fotografía: Alex Philips

Reparto: Jorge Negrete, Gloria Marín, Ernesto Alonso, Ángel Garaza y Andrés Soler.

Sinopsis: Se trata de la historia francesa de Enrique Lagardere, el jorobado que desenmascara al malvado noble que desea separar a la hija de una dama de la nobleza.

1943 **Una carta de amor**

Producción: Grovas, S.A.

Dirección: Miguel Zacarías

Fotografía: Ross Fisher

Reparto: Jorge Negrete, Gloria Marín, Andrés Soler, Emma Roldán y Alejandro Chiangherotti.

Sinopsis: Es la historia de un chinaco que lucha contra las fuerzas imperiales y una joven cuya familia ha quedado arruinada. La joven está comprometida con un viejo militar, al que por supuesto no ama. Al final es obligada a casarse con el viejo, por lo cual se suicida.

1943 **El rebelde**

Producción: Águila Films

Dirección: Jaime Salvador

Fotografía: Raúl Martínez Solares

Reparto: Jorge Negrete, Ma. Elena Marqués, Julio Villarreal y Felipe Montoya.

Sinopsis: Un profesor de música da clases de piano a una joven, cuyo padre es por demás tiránico. El profesor resulta ser rebelde y acostumbra asolar a los tiranos del pueblo.

1944 **Cuando quiere un mexicano**

Producción: Grovas, S. A.

Dirección: Juan Bustillo Oro

Fotografía: Agustín Martínez Solares

Reparto: Jorge Negrete, Amanda Ledesma, Enrique Herrera y Eugenio Galindo.

Sinopsis: Un rico ranchero se enamora de una joven argentina. El mexicano quiere ser amado no por lo que tiene, sino por lo que es, así es que se hace pasar por sirviente para enamorar a la argentina.

1944 **Me he de comer esa tuna**

Producción: Grovas, S. A.

Dirección: Miguel Zacarías

Fotografía: Agustín Martínez Solares

Reparto. Jorge Negrete, Ma. Elena Marqués, Antonio Badú y Mimí Derba.

Sinopsis: Se trata de una comedia campirana. Dos amigos hacen una apuesta: conquistar a una joven que se rumora es muy fea. Pero en cuanto comprueban que no lo es, hacen todo lo posible por quedarse con ella.

1945 **Canaima**

Producción: Filmex, S.A.

Dirección: Juan Bustillo Oro

Fotografía: Jack Draper

Reparto: Jorge Negrete, Gloria Marín, Carlos López Moctezuma y Alfredo Varela.

Sinopsis: Película basada en la novela del escritor Rómulo Gallegos. Trata la violencia en el campo venezolano.

1945 **Hasta que perdió Jalisco**

Producción: Producciones Diana

Dirección: Fernando de Fuentes

Fotografía: Ignacio Torres

Reparto: Jorge Negrete, Armando Soto "El Chicote", Eduardo Noriega, Eugenia Galindo y Federico Mariscal.

Sinopsis: Una joven tiene un hijo de su novio. Éste la abandona, por lo cual la protagonista entrega a su hijo a un hermano que gusta de divertirse con sus amigos. El hermano en cuestión se enamora de otra joven, pero ella no lo acepta, pues cree que es el verdadero padre del niño. El novio de la protagonista vuelve y las dos parejas se casan el mismo día.

1945 **No basta ser charro**

Producción: Producciones Diana

Dirección: Juan Bustillo Oro

Fotografía: Víctor Herrera

Reparto: Jorge Negrete, Lilia Michel, Antonio R. Frausto, Armando Soto "El Chicote" y Eugenia Galindo.

Sinopsis: Un joven llega a un rancho para pedir trabajo y la hija del dueño lo confunde con el cantante Jorge Negrete.

El barítono ha sido secuestrado, según las noticias del periódico. Después de curiosos incidentes la joven se enamora del ranchero y no del actor.

1945 **Camino de Sacramento**

Producción: Filmex, S. A.

Dirección: Chano Urueta

Fotografía: Jack Draper

Reparto: Jorge Negrete, Charito Granados, Julio Villarreal, Carlos Múzquiz y Ernesto Cortázar.

Sinopsis: El padre de unos gemelos es asesinado. Éstos juran venganza. Al crecer, uno va a España para estudiar leyes, y el otro se dedica a robar a los ricos para darle a los pobres.

1946 **En tiempos de la Inquisición**

Producción: Grovas, S. A.

Dirección: Juan Bustillo Oro

Fotografía: Víctor Herrrera

Reparto: Jorge Negrete, Gloria Marín, Beatriz Aguirre, Miguel Arenas, Maruja Griffel y Francisco Jambrina.

Sinopsis: Historia que ocurre en españa durante el tiempo de la Inquisición, cuando se preseguía a los herejes. Un joven noble se enamora de una mujer árabe y son denunciados al Santo Oficio y quemados en la hoguera.

1946 **El ahijado de la muerte**

Producción: Películas Anáhuac

Dirección: Norman Foster

Fotografía: Jack Draper

Reparto: Jorge Negrete, Rita Conde, Tito Junco, Emma Roldán, Leopoldo "Chato" Ortín, Francisco Jambrina y Alejandro Ciangherotti.

Sinopsis: Un joven es perseguido y acosado injustamente por maleantes. Como es muy valiente y nada parece poder acabar con él, la gente supersticiosa dice qe la muerte lo protege.

1946 **Gran Casino**

Producción: Películas Anáhuac

Dirección: Luis Buñuel

Fotografía: Jack Draper

Reparto: Jorge Negrete, Libertad Lamarque, Mercedes Barba, Julio Villarreal, Alfonso "Indio" Bedoya, Agustín Isunza, José Baviera, Francisco Jambrina y Charles Rooner.

Sinopsis: Una joven llega a Tampico a buscar a su hermano que trabaja en los pozos petroleros. Ahí se entera de que lo han matado y el encargado del campo petrolero la ayuda a esclarecer toda la intriga que hay detrás de la muerte del hermano.

1948 **Allá en el Rancho Grande**

Producción: Grovas, S.A.

Dirección: Fernando de Fuentes

Fotografía: Jack Draper

Reparto: Jorge Negrete, Lilia del Valle, Eduardo Noriega, Armando Soto "Chicote", Lupe Inclán, Beatriz Segura y Juan Calvo.

Sinopsis: Nueva versión en colores del gran éxito de 1936, que hicieran famosos a Tito Guízar y Esther Fernández. La intriga de una malvada madrina que quiere vender a su desamparada ahijada al patrón del rancho, pero el caporal que es el novio de la chica, impide la mala acción.

1948 **Si Adelita se fuera con otro**

Producción: Produccióñes Diana

Dirección: Chano Urueta

Fotografía: Víctor Herrera

Reparto: Jorge Negrete, Gloria Marín, Crox Alvarado, José Elías Moreno, Miguel Ángel Ferriz, Fernando Casanova, Felipe de Alba y Arturo Martínez.

Sinopsis: Episodio imaginario de la Revolución, en que Pancho Villa intenta enamorar a Adelita, que es la novia de uno de sus oficiales.

1948 **Jalisco canta en Sevilla**

Producción: Producciones Diana

Dirección: Fernando de Fuentes

Fotografía: Víctor Herrera

Reparto: Jorge Negrete, Antonio Amorós y Jesús Tordesillas.

Sinopsis: Un charro mexicano llega a Sevilla para recibir una herencia de un pariente. La hija del dueño de la propiedad, cree que así es; trata mal al recién llegado; pues lo toma por un criado, pero se enamora de él y luego descubre que es el verdadero propietario.

1949 **Lluvia roja**

Producción: Filmex, S.A.

Dirección: René Cardona

Fotografía: Agustín Martínez Solares

Reparto: Jorge Negrete, Elsa Aguirre, Julio Villarreal, Alicia Caro, Domingo Soler, Rodolfo Landa, Miguel Ángel Ferriz, Narciso Busquets y Eduardo Arozamena.

Sinopsis: Otro episodio de la revolución con encuentros y desencuentros amorosos entre una bella mujer joven y un gallardo oficial.

1949 **La posesión**

Producción: Grovas, S.A.

Dirección: Julio Bracho

Fotografía: Raúl Martínez Solares

Reparto: Jorge Negrete, Miroslava, Eva Martino, Domingo Soler, Julio Villarreal, Isabela Corona y Agustín Isunza.

Sinopsis: Dos acaudalados terratenientes se disputan la propiedad de una loma. Los hijos de ambos se enamoran y entre las dos familias hay un terrible conflicto que termina con la muerte.

1950 **Teatro Apolo**

Producción: Suevia Films

Dirección: Rafael Gil

Fotografía: Santiago Ordóñez

Reparto: Jorge Negrete, María de los Ángeles Morales, Juanito Rendón y Berta González.

Sinopsis: Bella película hecha en España, que cuenta la vida de una pareja de cantantes de zarzuela, desde muy jóvenes cuando empiezan a abrirse camino hasta que han triunfado y son dueños del teatro Apolo. La muerte de ella y, al final, la demolición del teatro.

1950 **Siempre tuya**

Producción: Cippsa

Dirección: Emilio Fernández

Fotografía: Gabriel Figueroa

Reparto: Jorge Negrete, Gloria Marín, Andrés Soler, Joan Page, Julio Villarreal, Maruja Friffel y Eduardo Arozamena.

Sinopsis: Una joven pareja de gente de campo llega a la ciudad para ganarse la vida. Ella se emplea de sirvienta, y él poco a poco triunfa cantando. Él empieza a descarrilarse y a engañar a su mujer, pero al fin reacciona y vuelve a ser el de antes.

1951 **Un gallo en corral ajeno**

Producción: Cippsa

Dirección: Julián Soler

Fotografía: Gabriel Figueroa

Reparto: Jorge Negrete, Gloria Marín, Andrés Soler, Julio Villarreal, Queta Lavat, Eduardo Arozamena y Maruja Griffel.

Sinopsis: Una rica y caprichosa joven toma equivocadamente a un hombre, que también es rico, por un don nadie, y lo contrata como sirviente para su rancho. Después de muchas situaciones cómicas, se descubre que él ni es sirviente y sí es rico.

1951 **Los tres alegres compadres**

Producción: Mier y Brooks

Dirección: Julián Soler

Fotografía: Jorge Stahl, Jr.

Reparto: Jorge Negrete, Pedro Armendáriz, Andrés Soler, Rebeca Iturbide, Rosa de Castilla, Wolf Rubinskis y Pancho Córdova.

Sinopsis: Un padre y sus hijos, igual de destrampados los tres, llegan a un pueblo donde hay una feria, y habrá juego. Una chica guapa les coquetea a los tres por parejo; ella ha robado una gran cantidad de dinero y la buscan unos matones y la policía. La policía agarra a los matones y a la muchacha.

1952 **Dos tipos de cuidado**

Producción: Cinematrográfica Tele Voz

Dirección: Ismael Rodríguez

Fotografía: Gabriel Figueroa

Reparto: Jorge Negrete, Pedro Infante, Carmen Yolanda Varela, Carmen González, Mimí Derba, Carlos Orellana, Queta Lavat y José Elías Moreno.

Sinopsis: Una joven va de paseo a la ciudad y después de un baile es violada por un rufián. Un primo se casa con ella para legitimar a la niña; y el que era novio de ella vive acosando al "marido" por celos. Al final todo el enredo se aclara.

1952 **Tal para cual**

Producción: Mier y Brooks

Dirección: Rogelio A. González

Fotografía: Raúl Martínez Solares

Reparto: Jorge Negrete, Luis Aguilar, Ma. Elena Marqués, Queta Lavat, Rosa de Castilla y Georgina González.

Sinopsis: Otra comedia de enredos en la que el "padrino" no es el "padrino", y el "ahijado" no es el "ahijado", y cada uno anda con la chica del otro.

1953 **Reportaje**

Producción: Cinematográfica Tele Voz y la ANDA

Dirección: Emiliio Fernández

Fotografía: Alex Philips

Reparto: Jorge Negrete y María Félix.

Sinopsis: Cinta hecha a beneficio de PECIME, en la que sin cobrar, las más grandes estrellas del cine de los años cincuenta como dos aspirantes a estrellas se alojan en un hotel para prepararse para una prueba que harán al día siguiente. María Félix que repasa sus líneas, está en camisón y la corre. Pero al día siguiente, cuando está muy bella, se enamora de ella.

1953 **El rapto**

Producción: Filmadora Atlántida

Dirección: Emilio Fernández

Fotografía: Agustín Martínez Solares

Reparto: Jorge Negrete, María Félix, Andrés Soler, Rodolfo Landa, Beatriz Ramos, Emma Roldán, José Elías Moreno, José Ángel Espinosa "Ferrusquilla" y Manolo Noriega.

Sinopsis: El dueño de un rancho se va de viaje y deja encargada su propiedad a cuatro funcionarios municipales, muy sinvergüenzas. Como se tarda en regresar y hay una compradora para la propiedad, la venden; pero el dueño regresa y la reclama, y entre los dos dueños hay una verdadera guerra. Al final se acaba el pleito, pues los dos dueños deciden vivir juntos y compartir la propiedad.

TÍTULOS DE ESTA COLECCIÓN

Agustín de Iturbide
Agustín Lara
Álvaro Obregón
Antonio López de Santa Anna
Benito Juárez
Cuauhtémoc
David Alfaro Siqueiros
Diego Rivera
Dolores del Río
El Santo
Emiliano Zapata
Fidel Velásquez
Francisco I. Madero
Frida Khalo
Gabilondo Soler "Cri-Cri"
Germán Valdés "Tin Tan"
Joaquín Pardavé
Jorge Negrete
José Alfredo Jiménez
José Clemente Orozco
José María Morelos
José Vasconcelos
Juan Diego
Juan José Arreola
Juan Rulfo
Justo Sierra
Lázaro Cárdenas
Malintzin (La Malinche)
María Félix
Mario Moreno "Cantinflas"
Miguel Alemán Valdés
Miguel Hidalgo
Nezahualcóyotl
Pancho Villa
Pedro Infante
"Piporro"
Plutarco Elías Calles
Porfirio Díaz
Quetzalcoatl
"Resortes"
Rosario Castellanos
Salvador Novo
Sor Juana Inés de la Cruz
Venustiano Carranza

Está obra
se terminó de imprimir en julio del 2004 en
Litográfica Ingramex, S.A. de C.V.
Centeno 162-1, Col. Granjas Esmeralda
México, D.F.

CALIDAD
ISO 9000
CERTIFICADA
Certificado No. 02-2082